360°-Feedback

Praxis der Personalpsychologie

Human Resource Management kompakt

herausgegeben von
Prof. Dr. Heinz Schuler, Dr. Rüdiger Hossiep
Prof. Dr. Martin Kleinmann, Prof. Dr. Werner Sarges

Band 1

360°-Feedback

von

Martin Scherm
und
Werner Sarges

 Hogrefe

Göttingen • Bern • Toronto • Seattle

360°-
Feedback

von

Martin Scherm
und
Werner Sarges

 Hogrefe

Göttingen • Bern • Toronto • Seattle

Dr. Martin Scherm, geb. 1961. Studium der Psychologie, Pädagogik und Politischen Wissenschaft an der Universität Hamburg. 1996 Promotion in Psychologie. 1992-97 Wissenschaftlicher Mitarbeiter, seit 1997 Wissenschaftlicher Assistent im Fachbereich Pädagogik der Universität der Bundeswehr Hamburg.

Prof. Dr. Werner Sarges, geb. 1941. 1962-1970 Studium der Psychologie und Betriebswirtschaftslehre an den Universitäten Marburg und Hamburg. 1971-1973 Trainee und Juniormanager in einem multinationalen Konzern der Konsumgüterindustrie. 1974 Promotion. Seit 1977 Professor für Quantitative Methoden an der Universität der Bundeswehr Hamburg und seit 1984 zugleich Institutsleiter und Beratender Psychologe am Institut für Management-Diagnostik in Barnitz (bei Hamburg).

Die Deutsche Bibliothek - CIP-Einheitsaufnahme

Ein Titeldatensatz für diese Publikation ist bei
Der Deutschen Bibliothek erhältlich

© Hogrefe-Verlag GmbH & Co. KG, Göttingen · Bern · Toronto · Seattle 2002
Rohnsweg 25, D-37085 Göttingen

http://www.hogrefe.de
Aktuelle Informationen · Weitere Titel zum Thema · Ergänzende Materialien

Umschlagbild: © Bernd Ducke - Superbild, Berlin
Satz: Graphik-Design Fischer, Weimar
Druck: AZ Druck und Datentechnik GmbH, 87437 Kempten/Allgäu
Printed in Germany
Auf säurefreiem Papier gedruckt

ISBN 3-8017-1483-7

Inhaltsverzeichnis

V

Karten:
Ziel- und Kontraindikationen des 360°-Feedback
Leitfragen für das Feedbackgespräch

1 Begriff und Konzept des 360°-Feedback

1.1 Einführung des Begriffs

Der Begriff des „360°-Feedback" bezeichnet Verfahrensansätze zur Beurteilung von Führungskräften (aber auch Professionals u. a.) aus der Perspektive verschiedener Beurteilergruppen (v. a. Vorgesetzte, Kollegen, Mitarbeiter und Selbst). 360°-Feedbacks dienen manchmal der Bewertung, meist aber der Entwicklung der Beurteilten, und zwar in der Absicht, die Kompetenzen der Beurteilten (Fokuspersonen) im Sinne eines aktuellen oder zukünftig gewünschten Anforderungsprofils entfalten zu helfen. Hierzu wird jede Fokusperson auf einer Vielzahl von tätigkeitsrelevanten Kompetenzvariablen eingeschätzt (Fremdbeurteilungen), um aus den daraus zu erstellenden Beurteilungsprofilen einen Abgleich mit ihrer eigenen Sicht (Selbstbeurteilung) vorzunehmen.

Der Begriff des 360°-Feedback

Damit erweitert das 360°-Feedback die im deutschen Sprachraum fast schon überall obligatorischen Ansätze der Beurteilung einer Führungskraft durch ihren Vorgesetzten („Top-down-Ansatz") und die gelegentlich auch praktizierte Beurteilung einer Führungskraft durch ihre Mitarbeiter („Bottom-Up-Ansatz") um einen noch weitergehenden *multi-perspektivischen* Zugang, nämlich die Beurteilung durch Kollegen, eventuell andere relevante Dritte und – last but not least – durch sich selbst.

Multiperspektivischer Zugang

1.2 Definition

Das 360°-Feedback lässt sich als systematische *Beurteilung* von Führungskräften (oder auch Mitarbeitern) einer Organisation auffassen. Die Beurteilung ist *multiperspektivisch* angelegt und berücksichtigt zusätzlich zur Selbsteinschätzung der Fokusperson verschiedene Gruppen aus deren Arbeitsumgebung (normalerweise sind dies ihre Vorgesetzten, Kollegen und Mitarbeiter). Das Feedback bezieht sich auf tätigkeitsbezogene Kompetenzen, Fähigkeiten oder auch Verhaltensstile von Fokuspersonen. Die Beurteilungsprofile werden in der Regel auf der Grundlage schriftlicher, überwiegend standardisierter Befragungen erstellt. In der Phase der Befragung erfolgt die Beurteilung in teilweise anonymer Form, in der Phase der Rückmeldung kann die Anonymität aber aufgehoben werden. Meist ist das Feedback eingebettet in ein Management- oder Führungskräfte-Entwicklungsprogramm.

Beurteilung von Kompetenzen und Fähigkeiten

Als *Quellen* der Beurteilung (Rückmeldung) kommen Personengruppen (Feedbackgeber) in Frage, die mit der Fokusperson (Feedbacknehmer) in

Quellen der Beurteilung

1

kontinuierlichem Kontakt stehen und diese vergleichsweise zuverlässig beurteilen können:

1. die Vorgesetzten des Feedbacknehmers (vertikales Feedback von oben),
2. seine Kollegen (horizontales Feedback von der Seite),
3. seine Mitarbeiter (vertikales Feedback von unten),
4. Kooperations- oder Projektpartner im eigenen Unternehmen (dispers),
5. Kunden und/oder Zulieferer (external) und schließlich
6. die oder der Beurteilte selbst.

In der Praxis aber werden in der Regel nicht alle oben genannten Beurteilergruppen einbezogen. Das hierzulande gleichwohl noch wenig verbreitete Feedback-System stützt sich auf die Urteile der Vorgesetzten, Kollegen und Mitarbeiter sowie auf die Selbsteinschätzung des Beurteilten (Abbildung 1). Jeder dieser vier Gruppen wird in der Terminologie der Winkelgeometrie ein Kreisanteil von jeweils 90° zugewiesen, sodass sich die 360°-Perspektive ergibt. Feedback-Varianten, die weniger als vier Beurteilergruppen einbeziehen, müssten demnach streng genommen entsprechend anders bezeichnet werden (z. B. als „270°-Feedback", wenn lediglich Vorgesetzte, Mitarbeiter und das Selbsturteil berücksichtigt werden). Der Prägnanz und der kommunikativen Wirkung wegen, die mit der Kreismetapher „360°" verbunden sind, verzichten Anwender jedoch gemeinhin auf eine perspektivenstimmige Begriffsabwandlung.

Da das 360°-Feedback bzw. entsprechend vorgehende Feedback-Systeme die Rückmeldung aus mehreren unterschiedlichen Personenquellen vor-

Die Winkel-
geometrie des
360°-Feedback

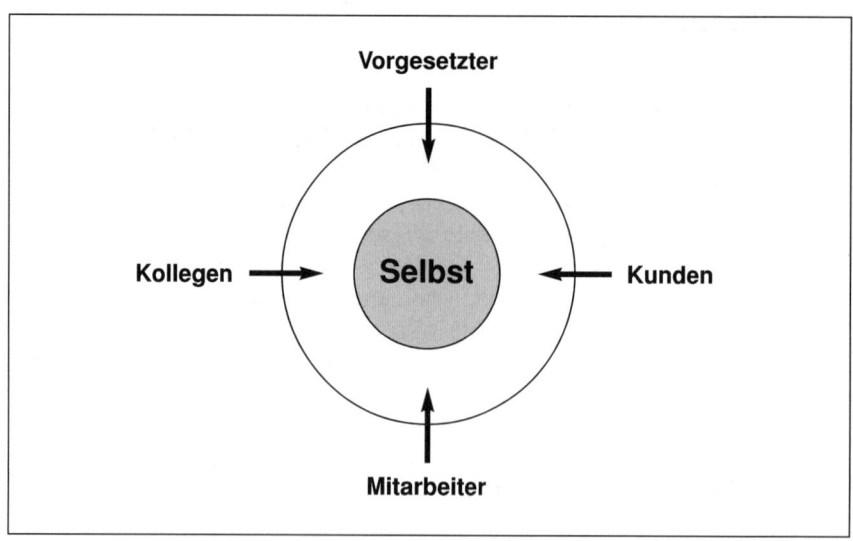

Abbildung 1:
Beurteilergruppen im 360°-Feedback

sehen, eröffnen sie einen multi-perspektivischen und -personalen Zugang zur Wirkung der in Rede stehenden Fokusperson auf andere. Mit diesem *Rundum-Charakter* der Einschätzung soll möglichen Verzerrungen einer einseitigen, interessengebundenen Sichtweise nur einer Gruppe von Beurteilern entgegengetreten werden, denn gute Noten nur von einer Seite sagen längst nicht immer die ganze Wahrheit.

Multiperspektive beugt verzerrenden Einschätzungen vor

Neben dem multi-perspektivischen Zugang ist der Aspekt des *Feedbacks* das zweite zentrale Bestimmungsstück. Führungskräfte erhalten zwar Rückmeldung aus ihrer täglichen Arbeitsumgebung, aber eher über das Erreichen von Zielen und die ihnen zugeschriebenen Leistungen als über die Wirkung ihres *Verhaltens*. Oft wissen sie gar nicht, wie positiv oder negativ sie von anderen gesehen werden. Top-Manager müssen zudem damit rechnen, dass sie, wenn sie im direkten Gespräch um Rückmeldung bezüglich ihres eigenen Führungsstils bitten, z. T. recht geschönte Antworten erhalten. Unstrittig ist demgegenüber der Wert von *validem* Feedback: Es ist die wirksamste Quelle für Lernen, auch und gerade im Bereich von Verhaltensoptimierungen („Feedback is the breakfast for champions"). Feedback stimuliert die Selbstentwicklung (nicht nur) von Führungskräften, indem es auf blinde Flecken in der Selbstwahrnehmung weist und somit Reflexionsprozesse in Gang setzen kann.

Feedback als Quelle des Lernens

1.3 Abgrenzung zu ähnlichen Begriffen/Konzepten

Das *360°-Feedback* gehört zum Inventar der psychologisch fundierten Personalbeurteilungs- und -entwicklungsinstrumente. Auf der Ebene der Verfahrensbezeichnung zeigen vor allem das *„Multisource Feedback"* (MSF; London & Smither, 1995) oder das *„Multi-Rater Feedback"* (MRF; Bracken, Dalton, Jako, McCauley & Pollman, 1997) erhebliche Überschneidungen mit dem 360°-Feedback.

Das MSF ist als der allgemeinere, übergreifende (Begriffs-)Ansatz aufzufassen, mit dem darauf hingewiesen wird, dass das Verhalten einer Fokusperson aus *mehr* als einer Quelle („source") beurteilt wird. Insofern stellt das 360°-Feedback eine spezifische Variante des MSF dar, bei der die Urteile strenggenommen aus vier Quellen stammen (wobei in der Praxis die Urteile der Fokusperson selbst bei manchen Anwendern mit einem 90°-Anteil in die Winkelgeometrie eingehen, bei anderen wiederum nicht). Ähnlich verhält es sich mit dem Vergleich zum MRF. Hier enthält die Namensbezeichnung den Hinweis, dass die Beurteilung von *mehreren* Beurteilern („ratern") vorgenommen wird. „MSF" und „MRF" finden als Verfahrensbezeichnungen im deutschen Sprachraum kaum Verwendung. Als weitere, vor allem im Angloamerikanischen gebräuchliche Verfahrensbezeichnungen finden sich die Begriffe „Multi-Rater Assessment" und

Multisource Feedback als übergreifender Ansatz

„full circle appraisal". In der Literatur, dem Personalmanagement der Unternehmen sowie der Beratungspraxis hat sich indes der Begriff des 360°-Feedback durchgesetzt.

Feedback im Dienste der Führungskräfte-entwicklung Jedenfalls legen die drei Ansätze des 360°-Feedback, des MSF und des MRF den Fokus auf das *Feedback* als entwicklungsstimulierenden Anreiz. Sie fühlen sich vor allem dem Gedanken der Führungskräfte*entwicklung* verpflichtet, auch wenn neuerdings eine zunehmende Verzahnung dieser mit der Funktion der *Leistungs*beurteilung im Rahmen sogenannter „Performance Measurement- und Management-Systeme" zu beobachten ist (exemplarisch: Lüdi & Wenger, 2001).

Der Begriff *360°-Feedback* steht eher für eine offene Verfahrensphilosophie, als dass er ein in sich streng abgeschlossenes „monolithisches" Beurteilungskonzept bezeichnet. Im übrigen: Die im 360°-Feedback herangezogenen Urteilsquellen und -arten – d. h. Selbst-, Vorgesetzten-, Kollegen- und Mitarbeiterurteile – sind durchaus alte Vertraute (vgl. Sarges, 2000a, Kap. 5). Neu ist lediglich die Bezeichnung 360°-Feedback. Erst als dieser bildhafte Begriff die verschiedenen Urteilsperspektiven griffig zusammenfasste und Feedback-Informationen als Ziel nannte, begann die beachtliche Verbreitung des Verfahrens – fraglos auch getragen von einem dafür günstigen Zeitgeist. Gleichwohl lässt sich das 360°-Feedback vor allem hinsichtlich seiner Funktion als auch seiner Zielrichtung von verschiedenen verwandten Verfahrensansätzen unterscheiden.

Alternative Verfahren Die in der Praxis wichtigsten, alternativen Verfahrensgruppen zum 360°-Feedback sind in Tabelle 1 steckbriefartig aufgeführt. In der Nähe des 360°-Feedback ist die Vorgesetzten- bzw. Aufwärtsbeurteilung angesiedelt, die quasi als deren historischer Vorläufer anzusehen ist (Reinecke, **Vorgesetzten-beurteilung** 1983). Die Funktion der Vorgesetzten- bzw. Aufwärtsbeurteilung besteht vor allem darin, die Führungsleistung von Vorgesetzten zu verbessern, indem man einen unternehmensweiten Dialog über Fragen der Führung in Gang setzt (Domsch, 2000; Fecher, 1995; Freimuth, 1995). Diese Funktion teilt sie mit dem 360°-Feedback. Der zusätzliche Nutzen von 360°-Feedbacks oder entsprechenden Systemen gegenüber einer bloßen Vorgesetzten- bzw. Aufwärtsbeurteilung besteht darin, Führungskräften die Möglichkeit zu geben, Rückmeldung aus *unterschiedlichen* Quellen und Perspektiven zu erhalten. Gerade die Zusammenschau der unterschiedlichen Wahrnehmungen von Mitarbeitern, Kollegen, Vorgesetzten und evtl. auch Kunden ist es, die ein umfassenderes Bild über die eigenen Stärken, aber auch über mögliche Schwächen (Entwicklungsbedarfe) erzeugt.

Die deutlichsten Unterschiede lassen sich zu Verfahren der *Personal- bzw.* **Management-Audit** *Leistungsbeurteilung* sowie zum *Management-Audit* ausmachen. Bei der Personal- und Leistungsbeurteilung steht weniger das Führungsverhalten im Mittelpunkt als vielmehr der Grad der erreichten Ziele, d. h. das Ergebnis des Führungsverhaltens (Becker & Fallgatter, 1998). Sie liefert

4

Tabelle 1:
360°-Feedback und Verfahrensansätze der Personalbeurteilung

Verfahren	Kurzbeschreibung und Funktion	Merkmale des Beurteilungsprozesses
360°-Feedback	Diagnose und tendenziell dialogorientierte Rückmeldung von Urteilen oder Einschätzungen bezüglich der Führungs*kompetenzen* und des Führungs*verhaltens* aus der Umgebung der Zielperson *Funktion*: überwiegend Potenzialentwicklung durch Rückkopplung von Selbst- und Fremdwahrnehmung; auch zur Potenzialanalyse und Leistungsbeurteilung, seltener zur Entgeltfindung	– Urteile: schriftlich auf der Basis von Fragebögen – Teilnahme der Zielpersonen: überwiegend freiwillig – Beurteilungsrichtung: horizontal und vertikal – Beurteilungsbeiträge: bleiben weitgehend anonym
Vorgesetzten- bzw. Aufwärtsbeurteilung; Vorgesetztenfeedback	Erfassung und Auswertung von Einschätzungen der Mitarbeiter bezüglich des Führungsverhaltens *Funktion*: primär zur Verbesserung der Führungsleistung und der Potenzialentwicklung; auch zur Unterstützung für Personalentscheidungen; Organisationsentwicklung im Sinne der Umsetzung von unternehmensspezifischen Leitbildern von partizipativer Führung und Zusammenarbeit	– Urteile: schriftlich auf der Basis von Fragebögen – Teilnahme der Zielpersonen: überwiegend freiwillig – Beurteilungsrichtung: vertikal von unten nach oben – Beurteilungsbeiträge: bleiben weitgehend anonym
Personal- bzw. Leistungsbeurteilung	Erfassung und Auswertung von Beurteilungen durch den Vorgesetzten bezüglich der Zielerreichung und erbrachter *Leistungen* von Mitarbeitern *Funktion*: Unterstützung für Personalentscheidungen (Selektion, Beförderung) sowie zur Entgeltfindung	– Urteile: schriftlich auf der Basis von Kriterienlisten und Fragebögen – Teilnahme der Zielpersonen: verbindlich geregelt – Beurteilungsrichtung: vertikal von oben nach unten – Beurteilungsbeiträge: eindeutig einem bestimmten Beurteiler zuordenbar
Management-Audit	Systematische Erfassung der Managementleistung auf der Basis eines Kriterienkatalogs *Funktion*: Umfassende Bewertung des Managements zur personal- und unternehmensbezogenen Entscheidungshilfe für die Unternehmensführung und Investoren	– Urteile: auf der Basis von Gesprächen, Hearings, auch fragebogengestützt – Teilnahme der Zielpersonen: verbindlich – Beurteilungsrichtung: horizontal und vertikal – Beurteilungsbeiträge: bleiben nur z. T. anonym

wichtige Informationen für Personalentscheidungen und dient u. a. der Gehaltsfindung.

Management-Audit im Dienst der Leistungs-beurteilung

Auch das Management-Audit zeigt deutliche Unterschiede zum 360°-Feedback. Es steht in der Tradition der klassischen Leistungs- und Potenzialbeurteilung und soll der Unternehmensleitung relevante Informationen für Entscheidungen zur Besetzung wichtiger Positionen an die Hand geben (Craig-Cooper & de Backer, 1993; Walsh, 1996). Die Auditierung des Managements (d. h. der Führungskräfte) wird zumeist in die Hände externer Berater gelegt. Diese verschaffen sich ein Bild der Leistung und des Potenzials aller Führungskräfte, indem sie Gespräche mit jeder einzelnen Führungskraft führen, Gruppendiskussionen und Hearings initiieren und z. T. sog. cross checks der erhaltenen Informationen betreiben (Samland, 2001). Schließlich geben sie Urteile ab, indem sie jede Führungskraft in sogenannte Personal-Portfolios leistungs- und potenzialmäßig einordnend bewerten (Erdenberger, 1999). Insgesamt steht aber beim Management-Audit – im Gegensatz zum 360°-Feedback – stärker der Beurteilungs- als der Entwicklungscharakter im Vordergrund.

Indes: Eine Reihe von aktuellen Unternehmens- und Beratungsbeispielen zeigt, dass die Grenzen nicht so streng gezogen werden und eine zunehmende Flexibilisierung der Beurteilungs- und der Entwicklungskultur für Führungskräfte auszumachen ist. Zum Beispiel werden im Rahmen von breiter angelegten Management-Audits hier und da schon 360°-Feedbacks mit dem Ziel durchgeführt, eine validere und akzeptierbarere Diagnose der Fähigkeiten und Kompetenzen der vorhandenen Führungskräfte zu erstellen.

1.4 Bedeutung für das Personalmanagement

Verbreitung des 360°-Feedback

Hinsichtlich der Verbreitung und Akzeptanz von 360°-Feedback-Systemen im deutschsprachigen Raum gibt es bislang nur vage Angaben bzw. vorsichtige Schätzungen. In einer Befragung aus dem Jahre 1999 bei 32 deutschen Unternehmen (überwiegend mit mehr als 1 000 Beschäftigten) geben 11 Personalverantwortliche an, dass sie in ihrem Unternehmen bereits ein 360°-Feedback-System eingeführt haben (Harss & Maier, 1999). Die übrigen Befragten berichten von konkreten Erfahrungen aus Pilotprojekten oder planen die Einführung solcher Systeme. In der Zwischenzeit dürfte sich trotz vielfältiger Bedenken der Trend zur Einführung von Feedback-Systemen, die über eine reine Vorgesetztenbeurteilung hinausgehen, verstärkt haben.

Auf größere Akzeptanz stößt das Verfahren traditionell in US-amerikanischen Unternehmen, mittlerweile jedoch auch in angelsächsischen. So berichtet Romano (1994) von einer Schätzung der Beratungsfirma *Personnel Decisions International* (PDI), derzufolge amerikanische Unternehmen im Jahre 1992 152 Millionen Dollar für die Beratung von MSF

6

ausgegeben haben. Genaueren Aufschluss über Verbreitung und Funktion von 360°-Feedbacks geben zwei Studien aus den 90er Jahren (Tabelle 2). Die erste (Geake, Oliver & Farrell, 1998) bezieht sich auf die Situation in insgesamt 216 britischen Unternehmen, die zweite (London & Smither, 1995) erhebt Daten zum Verbreitungsgrad von Feedback-Systemen, indem sie die 20 größten US-amerikanischen Beratungsfirmen und Anbieter für 360°-Systeme zum Vertrieb ihrer Produkte befragte.

Die wichtigsten Ergebnisse beider Studien lassen sich wie folgt zusammenfassen:

- in britischen und vor allem US-amerikanischen Unternehmen erfreuen sich 360°-Feedback-Systeme weiter Verbreitung – mit steigender Tendenz; **360°-Feedbacks v. a. im anglo-amerikanischen Bereich verbreitet**
- in 50 % der amerikanischen Unternehmen sind sie in Entwicklungsprogrammen platziert;
- ihr Einsatz steht überwiegend in der Funktion des Personalentwicklungsgedankens, gleichwohl werden sie u. a. auch zur Leistungsbeurteilung, zur Nachfolgeplanung und – wenngleich weniger häufig – zur leistungsabhängigen Vergütung genutzt.

Die Erwartung nach der Wirksamkeit von Feedback-Systemen wird unter anderem auch aus der Problematik traditioneller Personalentwicklungs- und Weiterbildungspraktiken gespeist. Denn es hat sich gezeigt, dass die über viele Jahre praktizierten Konzepte der Weiterbildung nicht oder nur teilweise die erhoffte Wirkung zeigen. Umfragen zufolge wurden von deutschen Unternehmen im Jahre 1998 für interne und externe Veranstaltungen insgesamt 48,5 Mrd. DM (umgerechnet 24,8 Mrd. Euro) ausgegeben (Weiß, 2000, S. 41). Jedoch wurde von mindestens 50 % (entsprechend 24 Mrd. DM oder umgerechnet 12,3 Mrd. Euro) der Veranstaltungen der angestrebte Erfolg beruflicher Veränderungen nicht erfüllt (Staudt & Kriegesmann, 1999, S. 50). Inwiefern sind nun Feedback-Systeme geeignet, solche Verluste reduzieren oder vermeiden zu helfen?

Betrachten wir z. B. die Gruppe der *Führungsnachwuchskräfte*, so sind für die von den Unternehmen installierten Förderprogramme unter anderem folgende drei Merkmale typisch: **Merkmale von Förderprogrammen**

1. das Programm ist für den Kreis der ausgewählten Nachwuchskräfte *obligatorisch*;
2. es verzichtet in der Regel auf eine auf die Person (oder Persönlichkeit) *individuell* zugeschnittene Struktur bzw. Schwerpunktsetzung und
3. die Veranstaltungen finden „*off the job*" statt.

In Bezug auf die ersten beiden Merkmale bieten 360°-Feedback-Systeme dem Personalmanagement die Chance, Programme effizienter zu gestalten und zu nutzen, indem sie bereits in der Phase der Entscheidung über die Teilnahme eine Diagnosefunktion im Sinne einer Potenzialanalyse übernehmen. **360°-Feedback zur effizienteren Gestaltung von Förderprogrammen**

7

Tabelle 2:

Verbreitung und Funktion des 360°-Feedback in britischen und US-amerikanischen Unternehmen

aus Sicht… Kriterium	der *Unternehmen*[1]	der *Beratungsfirmen* und *Anbieter* von 360°-Feedback-Verfahren[2]
Verbreitung	– 47 % der Unternehmen setzen 1997 360°-Feedback ein; – 62 % haben es für 2000 projektiert	7 der befragten Beratungsfirmen/ Testanbieter haben ihr Feedback-Verfahren an über 100 Unternehmen/Organisationen verkauft, 3 an über 1 000
Funktion	– 99 % der Unternehmen setzen es zur Personalentwicklung ein; – 47 % verbinden damit eine Leistungsbeurteilung – 24 % setzen sie zur Nachfolgeplanung ein – 7 % nutzen es im Rahmen leistungsabhängiger Vergütung	– 50 % der Unternehmens-/ Organisationskunden setzen es ausschließlich zur Personalentwicklung ein; – 50 % setzen es teils zur Personalentwicklung, teils zu administrativen Zwecken ein (z. B. zur Entgeltfindung)
Einbettung in Entwicklungs-programme	nicht erhoben	– „überwiegend ja" oder „ja" bei 50 %, – „gelegentlich" bei 20 %, – „nein" bei 30 % der Unternehmenskunden
Zielgruppen (Feedback-nehmer)	– Direktoren: 57 % – Oberes Management: 81 % – Mittleres Management: 67 % – Nachwuchskräfte: 43 % (in 1997)	nicht erhoben
Beurteiler	in der Regel Vorgesetzte, Kollegen und Mitarbeiter; auch interne und externe Kunden (jeweils ohne Prozentangaben)	in der Regel Vorgesetzte, Kollegen und Mitarbeiter; 60 % holen Feedback zusätzlich von *internen* und *externen* Kunden ein

Anmerkungen: 1 = Quelle: Geake, Oliver & Farrell, 1998; Datenbasis: 216 britische Unternehmen; Angaben beziehen sich auf 360°-Feedback (Stand: 1997)

2 = Quelle: London & Smither, 1995; Datenbasis: 20 US-amerikanische Beratungsfirmen und Anbieter von Feedback-Verfahren, die Auskunft über die Zahl ihrer Kunden (Unternehmen, Organisationen) sowie über die Merkmale des Feedback-Prozesses gegeben haben; Angaben beziehen sich auf Multisource Feedbacks (MSF), bei denen es sich de facto überwiegend um 360°-Feedbacks handelt (Stand: 1994)

Damit verbunden ist zugleich das Problem der Nachwuchsplanung und die Frage, wer überhaupt in ein Förderprogramm entsendet werden soll, um später Führungsaufgaben zu übernehmen. Hier verlassen sich immer noch zu viele Unternehmen allein auf die Eindrücke und Empfehlungen lediglich der direkten Vorgesetzten, anstatt auch andere Personengruppen (Mitarbeiter, Kollegen usw.) als Urteilsquellen einzubeziehen.

Im Verbund mit anderen erprobten Verfahren wie etwa dem Assessment Center (AC) sind 360°-Feedbacks in besonderer Weise geeignet, dem Personalmanagement entscheidungsdienliche Erkenntnisse über das Potenzial von Kandidaten bereitzustellen. Ein Potenzialbereich, der besonders gut über ein Feedback abgeklärt werden kann, ist z. B. der Bereich der sozialen Kompetenzen (Konfliktfähigkeit, Teamführung etc.). Wie jemand mit anderen umgeht, in Teams zusammenarbeitet oder sie zielbezogen beeinflusst, lässt sich durch seine Umgebung (z. B. die Gruppe der Kollegen) relativ zuverlässig beobachten und damit auch einschätzen.

Unterstützung der Potenzial-diagnose

Die Ergebnisse des Feedbacks können aber nicht nur dazu herangezogen werden zu entscheiden, *wer* in ein Programm entsendet wird, sondern auch, *welche* Kompetenzfelder dort für sie oder ihn besonders behandelt und trainiert werden sollten – und welche nicht. Eine Person beispielsweise, die über das Feedback von Vorgesetzten und Kollegen als stark in „Teamführung und Zusammenarbeit" ausgewiesen wird, muss nicht unbedingt einen Seminarbaustein „Gruppen steuern" durchlaufen, sondern kann stattdessen seine zeitlichen Kapazitäten für vordringlichere Entwicklungsfelder nutzen. Das Feedback eröffnet demnach die Möglichkeit, ein Förderprogramm *passgenauer* auf die vorhandenen oder zu entwickelnden Personen-Kompetenzen zuzuschneiden, womit zugleich die finanziellen Mittel effizienter eingesetzt werden.

Förderprogramme passgenau zuschneiden

Das dritte Merkmal von traditionellen Management-Entwicklungskonzepten, das des Lernens „off the job" (außerhalb der angestammten beruflichen Umgebung), betrifft das sogenannte Transferproblem, d. h. die Frage, inwieweit die Teilnehmer die in Seminarveranstaltungen oder Trainings erworbenen Fähigkeiten in den eigenen beruflichen Tätigkeitszusammenhang zu übertragen in der Lage sind. Transferprobleme können den Erfolg von Entwicklungsmaßnahmen ernsthaft gefährden und stellen somit das Personalmanagement vor eine große Herausforderung. Sie werden immer dann virulent, wenn Weiterbildungsmaßnahmen relativ losgelöst vom eigenen Tätigkeitsumfeld stattfinden. Sie treten demgegenüber kaum auf, wenn der Trainingskontext relativ tätigkeitsnah gestaltet ist (zusammenfassend Sonntag & Stegmaier, 2001, S. 281 f.).

Transferprobleme traditioneller Entwicklungskonzepte

In diesem Zusammenhang bieten gerade – professionell – installierte Feedback-Prozesse eine interessante Alternative: Sie sollen den Nährboden für eine nachhaltige Entwicklung bereiten, da die Rückmeldung dem unmittelbaren Tätigkeitsumfeld entstammt und den Adressaten auch „on the job" erreicht. Der Anreiz zur Entwicklung stammt somit aus dem Umfeld selbst (Mitarbeiter, Kollegen, Vorgesetzte), und die Entwicklung der Person – als Transferleistung vom Feedback in konkrete berufliche Situationen – kann und soll durch das Umfeld unterstützend begleitet werden. Möglicherwei-

Entwicklung durch Feedback „on the job"

se ist es gerade der konkrete Tätigkeitsbezug, der dafür verantwortlich ist, dass (auch kritisches) Feedback von der Mehrheit der Führungskräfte offenbar akzeptiert wird (Facteau, Facteau, Schoel, Russell & Poteet, 1998, S. 437 ff.; natürlich stellt sich auch der Erfolg von Feedback-Prozessen nicht automatisch ein, sondern ist von entsprechenden Randbedingungen abhängig; siehe dazu ausführlich Kapitel 3.1).

Feedback als Chance zur Verbesserung der Wettbewerbsfähigkeit

Eine nachhaltige Kompetenzentwicklung ist somit das Ergebnis einer kontinuierlichen Rückkopplung an die berufliche Umgebung und die sie tragenden Personen. Ohne Zweifel bergen solche Rückkopplungen „on the job", d. h. die Veränderung des Verhaltens aufgrund von Feedback, weitere Entwicklungspotenziale in sich. Diese betreffen vor allem die Wettbewerbsfähigkeit des Unternehmens. In dem Maße nämlich, wie Führungskräfte Veränderungswünsche von außen im Zuge von Feedback-Prozessen wahrzunehmen lernen und Veränderungen (in die gewünschte Richtung) auch durch das Umfeld im Sinne einer positiven Verstärkung anerkannt werden, dürfte das Unternehmen insgesamt seine Fähigkeit verbessern, Bedürfnisse oder Veränderungen derselben auf ihren Märkten zu realisieren sowie entsprechend zu reagieren.

Diese Fähigkeit des Lernens und sich Veränderns ist in dynamischen, globalen Umgebungen bereits jetzt ein eminent wichtiger Faktor für den Erfolg eines Unternehmens. Auch ihre zukünftige Bedeutung kann wohl kaum überschätzt werden: „Our people have to be competitive, and if they can't change fast enough, as fast as our industry … Good Bye" (John Akers, ehemaliger CEO IBM; zit. n. McCall, 1997, S. 161). Sie ist z. B. besonders wichtig, um sich frühzeitig an veränderte Kundenbedarfe anzupassen, Vertriebskanäle zu optimieren oder den Service neu auszurichten. Wegen ihres Veränderungsanliegens werden 360°-Feedbacks daher nicht selten auch in „Change Management-Programmen", „Total Quality Management-Programmen" o. ä. eingebettet.

360°-Feedback-Prozesse sollen dem Personalmanagement die Möglichkeit eröffnen,

– den Entwicklungsbedarf von Führungskräften individuell zu diagnostizieren und dadurch Trainingsprogramme passgenauer zuzuschneiden,
– Anreize zu einer nachhaltigen Kompetenzentwicklung „on the job" zu geben,
– dabei die Lern- und Veränderungsfähigkeit der Beteiligten zu erhöhen,
– Leistungsbeurteilungs-Systeme und entsprechende Vergütungsmodelle stärker an die Kompetenzentwicklung anzubinden,
– Personalentscheidungen vorzubereiten sowie
– die Nachfolgeplanung zu unterstützen.

1.5 Betrieblicher Nutzen

Ist der ökonomische Nutzen von psychologisch fundierten Verfahren für die betriebliche Personalauswahl inzwischen hinlänglich belegt (siehe Funke & Barthel, 1995), so ist dieser Nachweis für den Einsatz von Personalentwicklungsverfahren wie dem 360°-Feedback ungleich schwieriger zu führen. Unseres Wissens liegen bislang keine Studien vor, die etwa den Nutzen von Feedback-Systemen z. B. gegenüber der Variante der Vorgesetztenbeurteilung belegen. Solche Studien stünden, abgesehen von den methodischen Herausforderungen (Kontrolle von Störvariablen, sinkende Stichprobengröße durch Drop-out über die Zeit) vor der Aufgabe zu prüfen, ob sich die Teilnehmer eines systematischen und kontinuierlichen Feedback-Prozesses hinsichtlich zentral wichtiger Fähigkeiten und Kompetenzen *entwickeln* (d. h. verbessern). Und zwar wäre hier unter Umständen ganz analog zu verfahren wie etwa bei der Nutzenüberprüfung von Personalauswahlinstrumenten (wie etwa dem AC), inwieweit der Feedbackprozess einen tatsächlichen Zuwachs an Nutzen über die gängigen Prozeduren (Führungsseminare, Managementtrainings etc.) hinaus leistet.

Frage des Nutzens für die Personalentwicklung

Zumal Feedback-Prozesse nicht unerhebliche Kosten verursachen, wird von ihnen im Ergebnis letztlich jedoch von betrieblicher Seite mehr erwartet als lediglich die Fähigkeiten und Kompetenzen der Führungskräfte zu verbessern. Ein betrieblicher Nutzenzuwachs bzw. dessen Nachweis ist daher an eine mittel- und langfristige Leistungsverbesserung geknüpft – eine sowohl aus der Logik des Verfahrens wie aus der Sicht der Organisation durchaus nachvollziehbare Annahme bzw. Forderung. Genau diese Forderung wird von Praktikern wie von Wissenschaftlern immer wieder geltend gemacht: „Das ultimative Kriterium für den Erfolg [eines Multi-Rater-Feedbacks] ist […] definiert als nachhaltige, zielbezogene Verhaltensänderung, die in einer verbesserten Effektivität der Organisation resultiert" (Bracken, 1997; Übersetzung M. S./W. S.).

Leistungsverbesserung als Nachweis zusätzlichen Nutzens

2 Theorien und Modelle des 360°-Feedback

2.1 Feedback als Katalysator der Persönlichkeitsentwicklung

Um den Stellenwert und die Funktion von Feedback für die berufliche Entwicklung einer Person zu ermessen, kann es lohnend sein, wenn Sie für sich einmal das folgende kleine gedankliche Experiment ausführen: Heben Sie bitte zwei Personen vor Ihr geistiges Auge, die am Anfang ihres Be-

Ein Gedankenexperiment

rufsweges mit etwa gleichen Startchancen ausgestattet waren und deren Karriere Sie in weiten Teilen verfolgen konnten.

Die erste Person möge beruflich nicht sonderlich erfolgreich oder gar gescheitert sein, die zweite möge mit ungleich größeren Erfolgen und entsprechender Anerkennung belohnt worden sein. Woran hat es nun Ihrer Auffassung nach gelegen, dass die beiden Kandidaten sich so unterschiedlich entwickelt haben? Waren es die verschiedenen Konstellationen in den jeweiligen Unternehmen, fehlende oder hervorragende Aufstiegsmöglichkeiten etwa oder ein wertschätzendes Organisationsklima – möglicherweise. Vielleicht aber waren es andere hemmende oder glückliche Umstände, z. B. rasche und nachhaltige Veränderungen auf den Märkten, die zu geänderten Personalstrukturen geführt haben, oder auch wichtige, weichenstellende Kontakte zu wichtigen Dritten. Auch diese Möglichkeiten werden in einigen Fällen plausible Erklärungen liefern.

Beruflicher Erfolg durch Lernen aus Erfahrung

In der Mehrzahl der Fälle allerdings dürften Sie die Gründe für unterschiedliche berufliche Entwicklungen vor allem in den betroffenen Personen selbst und ihrem jeweiligen Umgang mit konkreten beruflichen Erfahrungen suchen. Und in der Tat zeigt sich bei eingehender Betrachtung einer Vielzahl untersuchter Karriereverläufe gerade bei Führungskräften, dass ihr beruflicher Erfolg maßgeblich davon abhängt, wie sie aus Erfahrungen lernen. Dabei sind es weniger die alltäglichen, routinisierten Verhaltensabläufe, die zu persönlicher Entwicklung und Wachstum führen, als vielmehr herausfordernde und schwierige Situationen: „The primary vehicle for development is challenging experiences" (McCall, 1997, S. 143). Zusammen mit anderen wichtigen Komponenten lassen sich herausfordernde Situationen in einem Modell abbilden, an dessen Ende wichtige *Lerneinsichten* stehen. Diese wiederum stellen die Essenzen individueller beruflicher Entwicklung dar (Abbildung 2).

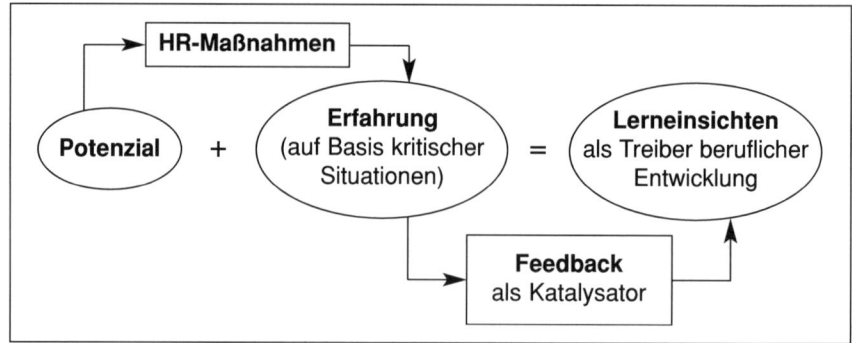

Abbildung 2:
Prozessmodell beruflicher Entwicklung: Feedback als Katalysator für Lerneinsichten
(verändert nach McCall, 1997, S. 165)

Die für das HR-Management wichtigen Ausgangsfragen sind: Wie kommt es zu unterschiedlichen Karriereverläufen von Führungskräften? Aus welchen Gründen kommt die Karriere der einen Führungskraft zum Stillstand oder gar zum Scheitern, aus welchen Gründen gelingt die der anderen?

Zahlreiche empirische Studien zeigen, dass Führungskräfte mit erfolgreichen Karriereverläufen in der Lage sind, gerade aus für sie kritischen Situationen solche Lerneinsichten zu destillieren, die sie zu besonderen Leistungen befähigen (exemplarisch: McCall, Lombardo & Morrison, 1988). Solche Führungskräfte dagegen, deren Karriere von enttäuschten Erwartungen und „Knicks" begleitet ist, gewinnen oft gar keine oder lediglich oberflächliche Einsichten aus kritischen Situationen – häufig geben sie zuallererst anderen die Schuld dafür, dass sie nicht erfolgreich sind. Es fehlt ihnen somit an der nötigen Intelligenz und, da sie Problemen eher defensiv gegenübertreten, an der erforderlichen Leistungsmotivation. Dieser Mangel in der Fähigkeit, wichtige Einsichten zu gewinnen, hindert sie daran, außergewöhnliche berufliche Leistungen zu erzielen (McCall, 1997; Spreitzer, McCall & Mahoney, 1997).

Lerneinsichten gewinnen durch Reflexion kritischer beruflicher Situationen

Den Ausgangspunkt des Modells, an dessen Ende die Lerneinsichten als Treiber beruflicher Entwicklung stehen, bildet das *Potenzial* einer Führungskraft. Unter dem Potenzial verstehen wir eine Kombination von Eigenschaften, Fähigkeiten und Fertigkeiten einer Person, die sie in den Stand versetzt, den an sie gestellten Tätigkeitsanforderungen gerecht zu werden (Sarges, 2000b). Darüber hinaus richtet der Begriff den Blick auch auf künftige Anforderungen und bezeichnet das Spektrum der *Möglichkeiten* der Person, quasi das, „was noch in ihr steckt" (Schuler, 2000, S. 54).

Die Kombination von Eigenschaften und Fertigkeiten ist demnach für das Ausüben einer bestimmten Tätigkeit erfolgsrelevant. Eine Verknüpfung des individuellen Potenzials mit kritischen, berufsbezogenen Situationen zu entwicklungsstiftendem Lernen kann durch verschiedene HR-Maßnahmen hergestellt werden. Als mögliche Maßnahmen kommen z. B. die Job Rotation, die Übertragung einer höheren Position im Zuge der Nachfolgeplanung oder auch ein Auslandseinsatz in Frage. All diese Maßnahmen beinhalten in der Regel die Konfrontation mit unbekannten und somit herausfordernden Situationen, in denen sich der Kandidat bewähren kann, neue Verhaltensweisen erproben muss, gegebenenfalls aus Fehlern lernt usw. Es versteht sich beinahe von selbst, dass solche „critical incidents" (kritische Ereignisse) nicht selten als emotional belastend empfunden werden und zu psychischen Spannungen führen. Das typische Karrieremerkmal von Führungskräften mit wechselnden Phasen von Stabilität und Neubeginn pointiert McCall denn auch wie folgt: „Life – and executive development – is a creative tension between stability and change, and talent is best viewed as a promise that, if conditions are right, may eventually be realized" (1997, S. 189).

Erfolgreicher Umgang mit belastenden Ereignissen

Feedback als
Katalysator für
Lernprozesse

Die Schlüsselfunktion für das Lernen aus Erfahrung nimmt zweifellos das *Feedback* ein, d. h. die Rückmeldung auf das eigene Verhalten und die erzielten Ergebnisse aus verschiedenen Quellen. Um nachhaltige Lernprozesse einzuleiten, müssen auf Seiten der Führungskraft die Bereitschaft und die Fähigkeit vorhanden sein, die Wahrnehmung der eigenen Person mit der Sicht ihrer Umgebung abzugleichen. Gerade die Offenheit für Feedback zeichnet erfolgreiche Führungskräfte gegenüber weniger erfolgreichen aus. Mehr noch: Führungskräfte müssen, um erfolgreich zu sein, aktiv nach Feedback aus unterschiedlichen Quellen suchen und dieses offensiv für sich verarbeiten, um ihren Verhaltensstil beständig an wechselnde Anforderungen anzupassen. Begleitet man im Management

Agile Lernper-
sönlichkeiten

diejenigen unter ihnen, die dieser Forderung gerecht werden, so fällt auf, dass es sich um „agile" Lernpersönlichkeiten handelt: Sie fühlen sich durch die Mehrdeutigkeit von Situationen eher stimuliert denn bedroht, betrachten die Dinge gerne von mehreren Seiten, schätzen den Wandel – und akzeptieren überdies, dass ihnen diese Kompetenzen mitunter auch den Neid ihrer Umgebung eintragen (vgl. Lombardo & Eichinger, 1996).

Merkmale des
erfolgreichen
Umgangs mit
Feedback

Empirische Untersuchungen an Führungskräften im internationalen Einsatz belegen denn auch den Wert des Umgangs mit Feedback: Diejenigen Führungskräfte, die mehr als andere

– nach Gelegenheiten suchen zu lernen,
– andere um Feedback bezüglich ihres eigenen Verhaltens bitten und
– offen sind für Kritik sowie
– schließlich die gewonnenen Einsichten aktiv für die eigene Entwicklung verwenden,

sind erfolgreicher bei der Bewältigung ihrer Aufgaben und erhalten für ihre Leistung bessere Beurteilungen von ihren Vorgesetzten (Spreitzer, McCall & Mahoney, 1997, S. 16 f.).

Das *360°-Feedback* als eigenständiger Ansatz, das Lernen voranzutreiben, soll die katalytische Wirkung von Feedback verdichten, indem es das Verhalten der Fokusperson in ausgewählten, wichtigen Tätigkeitsbereichen thematisiert. Der kompakte Vergleich ihres Selbstbildes mit relevanten Fremdbildern ermöglicht ihr die kritische Reflexion der eigenen Person. Gerade die *Reflexion* von Erfahrungen, das Auswerten von Feedback ist es, das tiefergehende Lernprozesse ermöglicht – Erfahrung *allein* reicht dazu nicht aus (Tjosvold, 1991).

Lernimpulse
durch den
Abgleich von
Selbst- und
Fremdbild

Neben der Möglichkeit der Übereinstimmung können nämlich besonders die Differenzen in der Einschätzung der eigenen Fähigkeiten mit der Sicht der Fremdbeurteiler (Vorgesetzte, Mitarbeiter etc.) wichtige Lernimpulse stiften: Wo unterschätze ich meine Fähigkeiten, wo überschätze ich sie? Inwieweit sind die abweichenden Einschätzungen das Ergebnis unterschiedlicher Wahrnehmungen oder auch unterschiedlicher Erwartungen? Auf

14

welche kritischen Ereignisse und Erfahrungen im Umgang mit der Fokusperson stützen sich die Fremdbeurteiler? usw.

Ziele und beabsichtigte Effekte des Einsatzes von 360°-Feedback als Katalysator des Lernens für Führungskräfte:
Feedback ...
1. ... ist eine knappe Ressource:
Führungskräfte sind diejenigen Personen im Unternehmen, die die am wenigsten strukturierten, am schlechtesten definierten und zugleich wichtigsten Probleme bearbeiten. Im Tagesgeschäft erhalten sie zudem relativ wenig Rückmeldung über ihr Verhalten: „We seem to have time for everything else, but not time to give our top people the kind of reviews to help them develop" (Longenecker & Gioia, 1992, S. 18). Im Rahmen des 360°-Feedback erhalten sie in konzentrierter Form Feedback aus verschiedenen Quellen ihrer Umgebung und können dabei sowohl ihren Verhaltens- als auch ihren Problemlösestil kritisch reflektieren.
2. ... soll die Kompetenz- und Karriereentwicklung fördern:
Es wird angenommen, dass Führungskräfte umso eher in der Lage sind, Lerneinsichten zu gewinnen und gewünschte Veränderungen vorzunehmen, je eher sie Gelegenheit bekommen, ihre Stärken und gegebenenfalls auch Entwicklungsbedarfe hinsichtlich zentraler Kompetenzen in Erfahrung zu bringen. Hiervon verspricht man sich einen positiven Effekt auf die Karriereentwicklung.
3. ... soll die Selbstreflexion stimulieren:
Feedback-Prozesse bilden einen Rahmen, um die Reflexion von erfahrungsträchtigen Situationen und das Gewinnen von Lerneinsichten zu stimulieren. Auch die Eindrücke bei der Durchführung von sogenannten Lernpotenzial-ACs (Sarges, 2000b, 2001a) legen nahe: Die Erfahrung kritischer Situationen allein reicht nicht aus um zu lernen; sie muss mit Prozessen des Nachdenkens über die eigene Person („des in sich Gehens") angereichert werden, bei denen andere Personen zusätzliche, auch gegen die eigene Wahrnehmung gerichtete Informationen beisteuern.
4. ... soll den Perspektivenwechsel trainieren:
Teilnehmer an Feedback-Prozessen sollen angeregt werden, den eigenen Standpunkt zu relativieren und Situationen aus unterschiedlichen Perspektiven (nämlich die der *anderen*) zu betrachten. Gerade soziales Einfühlungsvermögen sowie die Fähigkeit zum Perspektivenwechsel wird im Wettbewerb, die Bedarfe des Kunden zu entdecken und zu befriedigen, zu einer spürbar kostbareren Schlüsselkompetenz. Wer von dieser

aktiv Gebrauch macht, so die Intention, dürfte sich zunehmend weniger in wirklich erfolgsbedrohlichen Situationen wiederfinden ...

5. ... soll Entscheidungsprozesse verbessern helfen:

Neben einer verbesserten Fähigkeit zum Perspektivenwechsel verspricht man sich von Feedbackprozessen auch einen effektiveren Umgang mit neuralgischen Informationen. Entscheidungen einzelner Personen, aber auch die von Managementteams, Task Forces, politischen Gremien etc. haben sich als umso realitätsgerechter und erfolgreicher erwiesen, je mehr die Beteiligten willens waren, auch konträre Deutungsmuster und scheinbar widersprüchliche Informationen in ihre Überlegungen mit einzubeziehen (Janis, 1982; Schulz-Hardt, 1997). Dies fällt allerdings nicht nur Führungskräften schwer – sind doch die meisten von uns eher geneigt, lediglich konforme Informationen („gute Nachrichten") für wichtig zu halten (vgl. Tversky & Kahneman, 1990).

6. ... soll das Vertrauen in die eigenen Kompetenzen erhöhen:

Die Bereitschaft zur konstruktiven Selbstentwicklung ist umso höher, je mehr Unterstützung eine Führungskraft von ihrem Vorgesetzten erhält und je weniger „bestrafend" sich das Unternehmensumfeld verhält. D. h., dass Feedback-Prozesse dann wirksam zur Führungskräfteentwicklung beitragen, wenn die damit verbundenen Anstrengungen durch ein tolerierendes Klima und konkrete Maßnahmen in Leadership-Programmen, durch Coachings usw. gefördert werden (Hazucha, Hezlett & Schneider, 1993). Werden dann Kompetenzfortschritte erzielt, dürfte dies wiederum das Zutrauen in die eigenen Selbststeuerungskräfte erhöhen. Empirische Studien wiederum zeigen, dass das (realitätsnahe) Zutrauen in die eigenen Fähigkeiten ganz wesentlich auch das Erreichen wichtiger Geschäftsziele positiv beeinflusst (O'Connor Wilson, McCauley, Kelly-Radford, 1998, S. 128 ff.).

7. ... soll den Wandel im Unternehmen vorantreiben:

Schließlich besteht die Erwartung, dass Führungskräfte, die kontraproduktive Verhaltensweisen und Einstellungen verändert haben, besser in der Lage sind, sich an notwendige Veränderungen und Umstrukturierungen im Unternehmen anzupassen.

2.2 Feedback als Katalysator des Organisationslernens

Organisationen und Unternehmen haben die Notwendigkeit erkannt, sich durch breit installierte Lernprozesse an veränderte Umfeld- und Marktbedingungen anzupassen. Von betriebswirtschaftlicher Seite bezeichnet der

16

Begriff der Lernenden Organisation Konzepte und Programme, die darauf zielen, Unternehmen im Sinne strategischer Ziele problemorientiert zu verändern. Im Mittelpunkt stehen Veränderungsbemühungen, die zum einen den Ausbau von Kompetenzen in den verschiedenen Bereichen, zum anderen die Verbesserung des Umgangs mit Wissen („Wissensmanagement") vorsehen (vgl. Reiß, 1999, S. 656). Wenn auch organisationale Lernprozesse nicht gleichzusetzen sind mit individuellem Lernen, so ist das eine ohne das andere nicht denkbar. So setzt z. B. Gruppenarbeit in der Industrie, soll sie etwa erfolgreich beim Einsatz einer neuen Produktionsmethode sein, kompetente und vor allem lernbefähigte Mitarbeiter voraus. Ein Lernzuwachs auf kollektiver Ebene mit entsprechenden Synergieeffekten (Scherm, 1998) setzt demnach notwendigerweise individuelles Lernen voraus.

Für das Lernen von Unternehmen lassen sich nach Wildemann drei Ansätze unterscheiden (1995, S. 4 f.):

- Lernen als *reaktive Adaption*: das Unternehmen passt sich an veränderte Umweltbedingungen an, ohne dass es selbst neue Produkte oder Trends kreiert; als aktuelles Beispiel nehme man die Einführung flexiblerer Tarifmodelle seitens der staatlichen Telekommunikationsmonopole als Reaktion auf das Auftreten von Wettbewerbern. **Drei Ansätze für das Lernen in Unternehmen**
- Lernen als *Erfahrungskurvenphänomen*: das Unternehmen optimiert die Produktion und ist bestrebt, seine Rationalisierungspotenziale zu erschließen; als Beispiel nehme man die weltweiten Rationalisierungsbemühungen der Automobilindustrie in den achtziger und neunziger Jahren.
- Lernen durch die Nutzung der *Problemlösefähigkeiten* der Mitarbeiter: in Abkehr von stark hierarchisch geprägten Führungsmodellen sollen die Mitarbeiter aller Ebenen in die Lösung komplexer Probleme einbezogen werden; dieser Ansatz sieht die Mitarbeiter als aktiv und vorausschauend Handelnde. Eine erfolgreiche Umsetzung dieses Ansatzes bedarf schlanker Hierarchien und zur persönlichen Kompetenzentwicklung hochmotivierte Mitarbeiter; diese benötigen ein Klima, das Entwicklungsanstrengungen unterstützt und entsprechend honoriert.

Unschwer ist zu erkennen, dass das 360°-Feedback am meisten den dritten Ansatz unterstützt. Aktive, innovative Beiträge sind von Führungskräften und Mitarbeitern umso eher zu erwarten, je mehr diese um ihre Stärken und Entwicklungsbedarfe wissen, um sie so zielgerichtet für das Unternehmen einsetzen zu können. Ebenso wie auf der individuellen Ebene lassen sich eine Reihe von Gründen und Zielsetzungen anführen, mit denen für den Einsatz von Feedback-Systemen im Kontext organisationalen Lernens plädiert wird (vgl. hierzu auch Scherm, in Druck). Es wird zu zeigen sein, inwieweit die damit verbundenen Erwartungen realistisch sind bzw. einer empirischen Überprüfung standhalten (siehe Abschnitt 2.5).

Ziele und beabsichtigte Effekte des Einsatzes von 360°-Feedback als Katalysator des Lernens in Organisationen:

Feedback ...

1. ... soll eine Diagnosefunktion übernehmen:

Im Sinne eines strategischen Leitkonzepts wird mit dem Einsatz von Feedback-Systemen die Erwartung verbunden, Diagnose über das Wissen und die Fähigkeiten innerhalb der Organisation erstellen bzw. ergänzen zu können. Das Management soll so aktuelle Kenntnis darüber erhalten, welche Kompetenzen im Unternehmen wie ausgeprägt sind und erhält auf diesem Wege einen besseren Überblick über die vorhandenen Humanressourcen. Die Diagnosefunktion beinhaltet auch die Option einer Evaluation derart, dass analysiert werden kann, inwieweit Maßnahmen seitens des Personalmanagements, aber auch die Entwicklungsbemühungen seitens der Führungskräfte selbst die 360°-Ergebnisse beeinflusst haben.

Diese Option ist besonders im Zusammenhang mit dem Einsatz von Feedback-Systemen auch zum Zweck der Leistungsbeurteilung interessant (vgl. Lüdi, in Druck). Etwa über die Frage der durchschnittlich auftretenden Abweichung zwischen dem individuellen IST- und dem Anforderungsprofil können z. B. Nachfolge- und Beförderungsentscheide unterstützt werden.

2. ... soll die Kommunikation über Kompetenzanforderungen unterstützen:

Der systematische Einsatz von Feedback-Systemen im Rahmen von Development-Programmen sorgt für einen aktiven Austausch und die Diskussion über verbindliche Anforderungsprofile im Unternehmen. Über alle Hierarchieebenen hinweg soll damit die Orientierung darüber erleichtert werden, welche Personen- und Funktionsgruppen über welche Fähigkeiten oder Kompetenzen verfügen sollten. Mit einiger Wahrscheinlichkeit erhält gerade das Personalmanagement wichtige Hinweise über die Akzeptanz, mehr jedoch über die Stimmigkeit der Anforderungsprofile bezüglich der zu erreichenden Ziele (vgl. Dalton, 1998).

3. ... soll die High Potentials entwickeln:

Zumindest größere Unternehmen und Organisationen unternehmen in der Regel beachtliche Anstrengungen, ihre besten Potenzialträger auf die Übernahme von Führungsaufgaben vorzubereiten. In Förder- und Development-Programmen sollen Feedback-Systeme den beteiligten Nachwuchskräften Aufschluss über ihre Stärken und ggf. Schwächen geben. Auf der Basis von Kompetenzprofilen will man den konkreten Förderbedarf aufzeigen und in entsprechende Entwicklungspläne umsetzen.

Bei deren Ausgestaltung ist die Organisation insofern beteiligt, als die Gruppe der direkten oder nächsthöheren Vorgesetzten einbezogen wird bzw. werden sollte.

4. ... lässt sich relativ leicht mit anderen HR-Instrumenten vernetzen:

360°-Feedbacks lassen sich relativ leicht mit den Zielen und dem Einsatz anderer Instrumente des Human Resource Managements verbinden. Im Zusammenhang mit dem Einsatz von Potenzialanalyseverfahren ermöglichen sie beispielsweise eine willkommene Ergänzung bzw. Erweiterung von Assessment-Centern (ACn).

Die Ergebnisse eines 360°-Feedback können z. B. als eine Möglichkeit einer Standortbestimmung für die Teilnehmer zeitlich *vor* ein Entwicklungs-AC oder in dieses selbst integriert werden. Bei der vorgelagerten Konzeption können die Teilnehmer einen ersten Abgleich zwischen ihrer Selbst- und den diversen Fremdbeurteilungen vornehmen und eventuell ihre Erwartungen an die AC-Ergebnisse modifizieren (Erbacher & Meier, in Druck).

Bei einer Integration des 360°-Feedback *in* das AC wird ein zusätzlicher Lernimpuls gesetzt, der die Erfahrungen seitens der Kandidaten und die Rückmeldung durch die Beobachter verstärkt. Hinsichtlich eines stärker leistungsbezogenen Charakters des 360°-Feedback bestehen Verbindungen zum Zielvereinbarungs- und -überprüfungs-Gespräch, zur Gehaltsfestsetzung, zur Nachfolgeplanung etc.

5. ... dürfte systemisches Denken fördern:

Der Erfolg unternehmerischen Handelns ist nicht nur an äußere Bedingungen (die Wahl des Standorts, das Marktumfeld, die Konjunktur etc.), sondern vor allem auch an die nicht immer konfliktfreie Zusammenarbeit von Personen gekoppelt. Die Einführung, besonders aber die Kontinuität und „Pflege" von Feedback-Systemen kann zu einem höheren Bewusstsein der entscheidenden „human factors" und ihrem Zusammenspiel untereinander sowie mit anderen Faktoren führen: Welche Kompetenzen haben in Verbindung z. B. mit den vorhandenen finanziellen Möglichkeiten zu außergewöhnlichen Leistungen oder Geschäftserfolgen geführt? Welches Kompetenzgefüge in Projektgruppen hat dagegen zu Problemen und echten Misserfolgen geführt? Und schließlich: Inwieweit hat die Wahrnehmung der Akteure bezüglich der vorhandenen Kompetenzen zu den Ergebnissen beigetragen?

6. ... soll das Commitment des Managements in der Führungskräfteentwicklung erhöhen:

Die Einbindung der Feedbackgeber, v. a. der Vorgesetzten, in die Entwicklung von Feedbackplänen erhöht das Commitment der Organisation, die Nachwuchskräfte in ihren Entwicklungsbemühungen selbst aktiv zu unterstützen. Führungskräfte der mittleren und oberen Ebene können in Workshops von ihren Erfahrungen im Umgang mit beruflichen Herausforderungen berichten, als Coaches und Mentoren auftreten und so für den erforderlichen Wissenstransfer sorgen. Gleichzeitig leisten sie einen Beitrag zur Entwicklung, indem ihre Personen als für das Unternehmen prototypische „Rollenvorbilder" („role models") fungieren.

7. ... als Tool, die Unternehmenskultur zu verändern:

Die Installation von Feedback-Programmen dürfte geeignet sein, den Wandel im Unternehmen voranzutreiben. Als „Kulturparameter" kommen für eine Veränderung u.a. der Kommunikationsstil zwischen Führungskräften und Mitarbeitern, der Wissensaustausch und das Klima innerhalb von Abteilungen oder Geschäftsbereichen insgesamt in Frage. Ein kontinuierlicher Feedback-Prozess soll dazu beitragen, die wechselseitige Ansprache zwischen dem/der Vorgesetzten und seinen/ihren Mitarbeitern in Richtung mehr Offenheit und direktem Feedback zu verbessern. Die Intention des Feedback-Ansatzes bzw. sein „trojanisches Pferd" besteht gerade darin, dass die im Umfeld des Prozesses vereinbarten Regeln bei den Beteiligten zunehmend verinnerlicht werden: Die Botschaften von erhaltenem Feedback zunächst als Wahrnehmungen und erlebte Realität von Personen zu akzeptieren, um dann zu entscheiden, an welcher Stelle Veränderungsbedarf besteht.

2.3 Kompetenzen als Fokus des 360°-Feedback

Solche Merkmale einer Person, die die Aufmerksamkeit des HR-Managements genießen (sollten), lassen sich im Bild eines *Eisbergs* darstellen (Abbildung 3): Manche Merkmale sind für das Auge des Beobachters sichtbar und zugänglich, andere bleiben verborgen, erschließen sich nur indirekt oder unter größerem diagnostischen Aufwand. Zu den jenseits des unmittelbar wahrnehm- oder beobachtbaren, sich lediglich indirekt erschließenden Merkmalsbereichen einer Person gehören ...

Indirekt zu diagnostizierende Merkmalsbereiche einer Person

– ihr *Selbstkonzept*, d.h. welche Vorstellungen und Beurteilungen sie von sich selbst hinsichtlich ihrer Eigenschaften, Fähigkeiten und Werte hat;
– ihre *Motive*, d.h. die inneren Beweg- und Antriebsgründe für ihr Verhalten.

Einzelne Merkmale dieser Bereiche sind für sich genommen nur begrenzt entwickelbar und dies auch nur unter einer langfristigen Perspektive (z.B. in Coaching-Prozessen). Als fiktives Beispiel mag man sich eine Führungskraft vorstellen, die in der pharmazeutischen Forschung als Leiter einer Abteilung tätig ist. Werden dieser Führungskraft etwa Schwierigkeiten in der Umsetzung wichtiger Vorgaben attestiert, so kann dies unter anderem daran liegen, dass sie – trotz guter fachlicher Eignung – ein eher gering ausgeprägtes Selbstbewusstsein besitzt und sich folglich bisweilen wenig zutraut, d. h. ein negatives *Selbstkonzept* aufweist. Zudem möge ihre Motivstruktur von einem stark ausgeprägten *Leistungsmotiv* geprägt sein und weniger von einem *Machtmotiv*, d. h. sie wird eher dem Bestreben folgen, die ihr übertragenen Aufgaben auf hohem Niveau zu erfüllen als unmittelbaren Einfluss auf andere ausüben zu wollen. Als primär leistungsorientierte Person pflegt sie möglicherweise zudem einen Arbeitsstil, der tendenziell durch Zurückgezogenheit oder Introvertiertheit gekennzeichnet ist (siehe auch Scheffer, Keller & Kuhl, in Vorbereitung; ob diese Person mit den skizzierten Merkmalen eine „glückliche" Besetzung für die Position des Abteilungsleiters darstellt, wollen wir an dieser Stelle nicht weiter thematisieren). Es dürfte ihr mitunter schwerfallen, andere zielgerichtet zu führen und gegebenenfalls Machtmittel einzusetzen – dies auch deshalb, weil sie glaubt, dass es ihr an den entsprechenden Fähigkeiten mangelt.

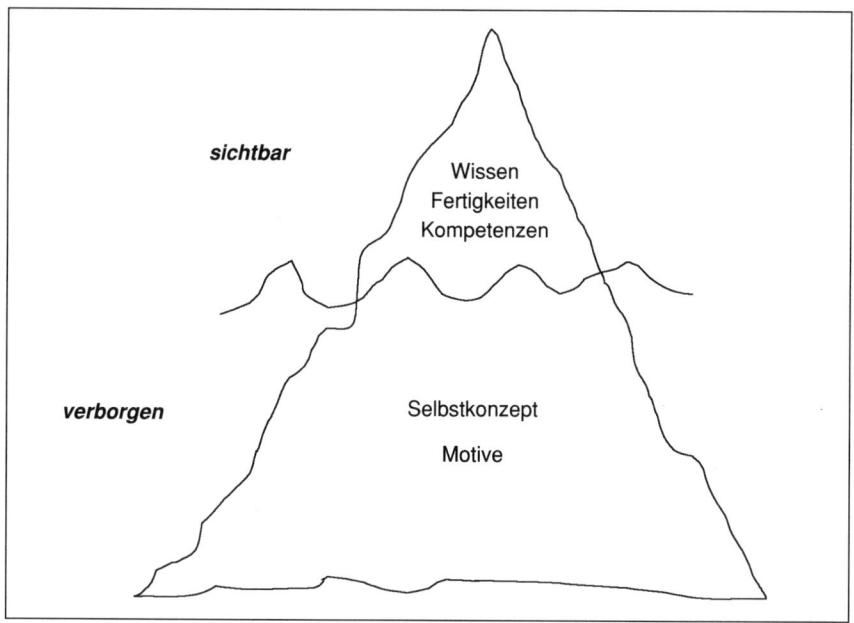

Abbildung 3:
Eisberg-Modell sichtbarer und verborgener Personenmerkmale (verändert nach Spencer & Spencer, 1993, S. 11)

Kommt es an neuralgischen Punkten zu Konflikten in der Abteilung, steht sie in der Gefahr, sich nicht durchsetzen zu können und anderen in der Gruppe die Führung zu überlassen.

Diese Teile des „Eisbergs" sind zwar der Beobachtung nicht direkt zugänglich und stehen auch nicht primär im Zentrum von 360°-Prozessen.

Sie zeigen allerdings Überschneidungen mit genau den Merkmalsbereichen, auf die sich die 360°-Aktivitäten vorrangig beziehen: nämlich *Fertigkeiten* und *Kompetenzen* einer Person. Im Sinne einer personalpsychologischen Herangehensweise lassen sich Fertigkeiten und Kompetenzen auffassen als Bedingungen auf der Personenseite, die gegeben sein müssen, um den Anforderungen eines konkreten Tätigkeitsfeldes zu entsprechen (vgl. Schuler, 1996, S. 59). Sie sind für einen Mitarbeiter oder einen Kollegen als Beobachter einer Fokusperson eher zugänglich und leichter einzuschätzen als beispielsweise deren Motive.

In der Nähe des Kompetenzbegriffs ist der Terminus der *Fähigkeit* angesiedelt. Eine *Fähigkeit* bezeichnet die Ausstattung einer Person mit geistigen, motorischen und körperlichen Funktionen, die ihr leistungsbezogene Handlungen ermöglichen (Conradi, 1983, S. 8). Als wesentliche Bestimmungsstücke einer Fähigkeit ist ihr Bezug zu Eigenschaften der Person und ihre Nähe zu beobachtbarem Leistungsverhalten herauszustellen.

Der im Rahmen des 360°-Feedback weiter verbreitete Begriffsansatz ist jedoch der der *Kompetenz*. Mit einer präzisen Definition verhält es sich hier ungleich schwieriger, da vor allem in praxisnahen Darstellungen eine Vielzahl von z. T. sehr unterschiedlichen Umschreibungen einer Kompetenz (englisch „competency") kursieren. In Anknüpfung vor allem an die angloamerikanische HR-Forschungs- und Anwendungspraxis (besonders vertreten durch McClelland und sein Team), sind mindestens drei Bestimmungsstücke einer Kompetenz auszumachen (Sarges, 2001b):

1. das *Verhalten* (z. B. dass eine Führungskraft kontinuierlich persönlich mit ihren Mitarbeitern Kontakt aufnimmt und etwaige Probleme aktiv zu lösen versucht),
2. dessen vermutliche *Ursachen* (u. a. ihre Persönlichkeitseigenschaft der „Extraversion") und
3. seine möglichen *Folgen* (z. B. die damit verbundenen positiven Arbeitsprodukte).

Diese Aufstellung verdeutlicht, dass mit einer Kompetenz in der Regel ein Konglomerat von verschiedenen Einzelmerkmalen gemeint ist. Diesen Umstand teilt der Kompetenzbegriff im übrigen mit dem Anforderungsbegriff. Letztgenannter muss, um unterschiedlichen Tätigkeitssituationen gerecht zu werden, gleichfalls in spezifische Unterkategorien unterteilt werden, z. B. in „Eigenschaftsanforderungen" (Fähigkeiten und Interessen), „Verhaltensanforderungen" (Fertigkeiten und Gewohnheiten) und „Ergebnisanforderungen" (biografische Informationen und Leistungen; Schuler, 1996, S. 59).

Akzeptiert man also, dass Kompetenzen sowohl Verhaltens- als auch stabile Eigenschaftsmerkmale, aber oft auch stark situationsgebundene Merkmale bezeichnen, so gelangt man zu zwei recht praxistauglichen Definitionen. In einem ersten Ansatz wird eine Kompetenz aufgefasst als …

– eine Gruppe von aufeinander bezogenen Merkmalen
– des Wissens, der Fähigkeiten und der Einstellungen, die
– einen bedeutenden Teil der beruflichen Tätigkeit beeinflussen,
– mit der beruflichen Leistung korrelieren (zusammenhängen),
– auf der Basis gängiger Standards gemessen werden und schließlich
– mit Hilfe von Trainings- und Entwicklungsmaßnahmen verbessert werden können (Parry, 1996, S. 50; Übersetzung M.S./W.S.).

Erste praxistaugliche Definition einer Kompetenz

Bei dieser Auflistung fällt auf, dass kein Bezug zu stabilen Persönlichkeitseigenschaften als mögliche Ursache für Kompetenz(verhalten) hergestellt wird. Dies erklärt sich durch die im letzten Unterpunkt vorgenommene Eingrenzung auf lediglich solche Merkmale, die durch verschiedene Maßnahmen einer Entwicklung zugeführt werden können.

Andere Autoren heben demgegenüber in noch stärkerem Maße den Zusammenhang von Kompetenzen mit der beruflichen Leistung hervor. So lässt sich mit Spencer & Spencer eine Kompetenz wie folgt definieren:

„Eine Kompetenz ist ein grundlegendes Merkmal eines Individuums, das ursächlich ist für kriterienbezogenes, effektives und/oder ausgezeichnetes (Leistungs-)Verhalten im Beruf oder einer [beruflichen] Situation" (Spencer & Spencer, 1993, S. 9; Übersetzung M.S./W.S.).

Zweite praxistaugliche Definition einer Kompetenz

Mit dem Hinweis, dass es sich bei einer Kompetenz um ein *grundlegendes* Merkmal handelt, wird im Gegensatz zur ersten Definition gerade der Bezug zu fest verankerten, zeitlich überdauernden Eigenschaften der betreffenden Person hergestellt. Zudem wird dort, wo oben lediglich auf den (korrelativen) Zusammenhang mit beruflicher Leistung verwiesen wird (vierter Spiegelstrich), der eindeutig ursächliche Charakter von Kompetenzen für die *performance* hervorgehoben.

Kompetenzen bestimmen die berufliche Leistung

Dabei ist die Beurteilung der Leistung einer Person „on the job" an bestimmten, je nach ihrem Aufgabenspektrum harten oder weichen Kriterien zu orientieren. Solche Kriterien sollten, um erfass- und messbar zu sein, mit demjenigen Teil des *Eisbergs* verbunden sein, der über die Wasseroberfläche hinausragt und folglich direkt beobachtbar ist. Als Kandidaten für solche Kriterien kommen für unterschiedliche Managementfunktionen z. B. die für den eigenen Bereich zu verantwortenden Umsatz- und Ergebniszahlen, die Anzahl von erfolgreich am Markt platzierten Produkten oder auch die Zahl der geführten Personen in Frage. Ein 360°-Feedback mit einer solchen Kompetenz-Auffassung und einer entsprechenden Nähe zu kriteriumsorientierter Leistungsmessung dürfte dem Charakter nach eher in der Nähe einer Personal- und Leistungsbeurteilung als einer Potenzialentwicklung angesiedelt sein (siehe oben, Abschnitt 1.4).

Wie dem auch sei: Beide Definitionsansätze lassen für die Konzeption von 360°-Feedbacks breiten Raum sowohl für übergreifende oder spezifisch angelegte Kompetenzmodelle.

2.4 Von der Wahrnehmung zur Konstruktion der „Wirklichkeit": Feedbacks als Eindrucksurteile

Der Prozess von der Beobachtung und Wahrnehmung eines Verhaltens sowie schließlich zur Formulierung von Aussagen über das Verhalten stellt sich als äußerst komplex dar. Er spielt eine wichtige Rolle nicht nur im Zusammenhang mit 360°-Feedbacks, sondern prinzipiell überall dort, wo in Unternehmen und Organisationen *Eindrucksurteile* über das Verhalten von Personen gebildet werden. Beispiele für andere wichtige Anlässe der Urteilsbildung sind das Einstellungsinterview, das Assessment Center oder das Management-Audit.

An dieser Stelle soll in knapper Form auf die wesentlichen Bedingungen und Einflussgrößen der Urteilsbildung eingegangen werden. Auf der Seite des zu Beurteilenden steht das gezeigte Verhalten über eine Vielzahl beruflicher Situationen und Anlässe, auf der Seite des Beurteilers dessen Beobachtungen, Wahrnehmungen und schließlich die Übersetzung der beobachteten und wahrgenommenen Inhalte in Aussagen.

Kompetenz-eindruck als Konstruktion beobachteten Verhaltens

Das Ergebnis einer Eindrucksbildung durch den Beurteiler stellt nur in den seltensten Fällen eine exakte und vollständige „1 : 1-Abbildung" einer irgendwie gearteten Verhaltenswirklichkeit dar; der Beurteiler selektiert vielmehr das Beobachtete auf dem Hintergrund eigener Interessen, Erwartungen, mentaler Verarbeitungskapazitäten usw. Das Ergebnis einer Kompetenzeinschätzung, d. h. der sprachlich gefasste *Kompetenzeindruck*, beinhaltet somit lediglich mehr oder weniger repräsentative Ausschnitte des beobachteten Verhaltens (die Wahrheit des individuellen Eindrucks liegt sozusagen im Auge des Betrachters). Etwas verkürzt darf man somit sagen, dass jeder Beurteiler sich seine Eindrucksrealität selbst konstruiert.

Drei Ebenen der Bildung von Eindrucks-urteilen:

Die Bildung von Eindrucksurteilen im Rahmen von 360°-Prozessen bezieht sich auf drei Ebenen, die wir im folgenden am Beispiel eines zu beurteilenden Vertriebsleiters eines Finanzdienstleistungsunternehmens darstellen (wir orientieren uns dabei am „Verhaltens-Eindrucks-Aussage-Modell" von Brandstätter, 1969, 1983; die folgende Darstellung überträgt die Ausführungen von Schuler zur Urteilsbildung (1996, S. 42 ff.) in den Feedback-Kontext): Das Eindrucksurteil, das sich die Feedbackgeber bilden, wird bestimmt durch Elemente auf der

* *Ebene des Verhaltens des Vertriebsleiters*

Ebene des Verhaltens

Dies können Elemente sein, die
– in seiner Person selbst liegen (z. B. seine Intelligenz, sein Fleiß);
– außerhalb des unmittelbaren Feedback-Prozesses liegen (z. B. seine Arbeitsbedingungen, seine Familiensituation);

24

– durch die augenblickliche Situation bestimmt sind (etwa die Erweiterung des Produktspektrums in Richtung „Geldanlage" oder die hohe Fluktuation im Bereich seiner Außendienstmitarbeiter).

• *Ebene seiner Feedbackgeber*

Wie bereits oben ausgeführt, bilden die Feedbackgeber (z. B. Vorgesetzte, Mitarbeiter) ihr Urteil in Abhängigkeit von eigenen Interessen, Erwartungen, Verarbeitungskapazitäten etc. und filtern die ihnen verfügbaren Informationen dementsprechend. So richtet der Vorgesetzte sein Urteil unter Umständen eher an den vorgegebenen Umsatzzielen aus; d. h. erreicht sein Vertriebsleiter beispielsweise die vereinbarten Umsatzgrößen, wird er nicht nur auf der Beurteilungsskala „Einsatz für Geschäftsziele" positive Einschätzungen abgeben, sondern womöglich auch auf den Skalen „Kundenorientierung" oder „Führen von Mitarbeitern" (da er diese motiviert hat, bei den Kunden erfolgreich tätig gewesen zu sein).

Die Ebene der Feedbackgeber

Die Mitarbeiter ihrerseits könnten ihre Einschätzungen an anderen Umständen ausrichten: Da ihr Bereich nun schon zwei Jahre hintereinander die Umsatzziele übertroffen hat, könnten sie die Erwartung hegen, dass ihr Vertriebsleiter nun weniger „Druck macht"; entspricht er in seinem Verhalten dieser Erwartung nicht, so könnte er gerade auf der Beurteilungsskala „Führen von Mitarbeitern" weniger gute Einschätzungen erhalten als von seinem Vorgesetzten.

Ferner nimmt auch das *Selbstbild* des einzelnen Feedbackgebers Einfluss auf sein Eindrucksurteil. Möglicherweise ist er oder sie selbst sehr ehrgeizig, sieht sich als in hohem Maße befähigt an und möchte sich für höhere Aufgaben empfehlen. Dementsprechend knüpft diese Person an die Tätigkeit eines Außendienstmitarbeiters wie an die eines Vertriebsleiters hohe Erwartungen. Diese hohen Erwartungen lassen sich in den Begriff eines angehobenen *impliziten Referenzwerts* fassen, während man bei den in der Organisation für verbindlich erklärten Anforderungen („Sollprofile") von *expliziten Referenzwerten* sprechen kann. Verfügt der Feedbackgeber über einen hohen impliziten Referenzwert, so wird er den einzuschätzenden Vertriebsleiter an diesem messen. Sein Urteil fällt mit einiger Sicherheit kritischer aus als dasjenige, was jemand mit einem niedrigeren Referenzwert abgibt.

Das Urteil des Feedbackgebers ist auch von dessen Selbstbild beeinflusst

Ein ähnliches Phänomen wird mit dem Begriff des *Assimilations-* bzw. *Kontrasteffekts* bezeichnet. Hierbei wird das Urteil des Feedbackgebers an einer wahrgenommenen Ähnlichkeit zwischen der eigenen Person und dem Feedbacknehmer ausgerichtet. Je höher die Übereinstimmung ausfällt, die der Feedbackgeber zwischen sich und der zu beurteilenden Person hinsichtlich zentraler Kompetenzfelder ausmacht, desto stärker wird er diese Übereinstimmung in seinem Urteil übertreiben – ohne dass ihm dieses in aller Regel bewusst wäre (Assimilationseffekt). Der gegenläufige Effekt

Feedbackgeber assimilieren und kontrastieren

bedeutet, dass ein Feedbackgeber einen zu beurteilenden Feedbacknehmer als von sich deutlich abweichend wahrnimmt und in seinem Urteil die bestehenden Unterschiede unwillentlich überzeichnet (Kontrasteffekt). Beide Effekte sind aus der Sicht des Diagnostikers eher unerwünscht, da sie die „wahren" Kompetenzeinschätzungen verzerren und somit die Gültigkeit der „Messung" in Frage stellen.

Die Liste von Einflussfaktoren und Effekten auf Seiten des Feedbackgebers ließe sich mühelos verlängern. Zusammenfassend bleibt festzuhalten, dass die einem Feedbackgeber verfügbaren Informationen durch ihn in spezifischer Weise verarbeitet werden. Sein Urteil sagt somit nicht nur etwas über die einzuschätzende Person aus, sondern gerade auch etwas über ihn selbst.

- *… Ebene der Aussage*

Die Ebene der Aussagenbildung
Die „Übersetzung" des Eindrucksurteils in eine mündliche oder schriftliche Aussage kann gleichfalls verschiedenen Einflüssen ausgesetzt sein. Ist der Feedbackgeber z. B. bei einem schriftlich abzugebenden Urteil weitgehend frei in seinen Formulierungen (wie dies z. B. bei einem individuellen Gutachten der Fall ist), spielen seine sprachlichen Möglichkeiten (Wortschatz, Ausdrucksweise etc.) eine wichtige Rolle. Hiervon ist im wesentlichen abhängig, wie sehr die schriftlichen Aussagen mit dem Eindrucksurteil korrespondieren.

Feedbackgeber verfolgen persönliche Ziele und Strategien
Schließlich kann der Feedbackgeber, wie jeder Beurteiler in einem anderen Kontext auch, eigene Ziele und Strategien verfolgen. Beabsichtigt er beispielsweise, in seiner Rolle als Vorgesetzter den Vertriebsleiter mit seinem Feedback für einen Aufstieg in der Hierarchie zu empfehlen, so wird er bestimmte Eindrücke stärker fokussieren (etwa dessen besondere Stärken), andere wiederum eher übergehen oder nur am Rande erwähnen (dessen vermeintliche Schwächen). Ein solches Vorgehen ist zwar aus der persönlichen Realität eines Feedbackgebers heraus verständlich, steht aber dem prinzipiellen Ansinnen eines Feedback-Prozesses entgegen. Dieses will gerade nicht die mikropolitischen Verhältnisse zwischen Feedbackgeber und -nehmer rekonstruieren, sondern die verschiedenen Wahrnehmungsperspektiven zu einem reliablen (d. h. verlässlichen) und möglichst validen (gültigen) Gesamtbild zusammentragen.

2.4.1 Zusammenfassung: Gewinnung von Eindrucksurteilen mit Hilfe des 360°-Feedback-Prozesses

Die Übersetzung des Eindrucksurteils in eine korrespondierende Aussage ist im 360°-Feedback durch eine weitgehende Standardisierung von *Eindrucksvorgaben* und entsprechenden Aussagen geregelt. Die Eindrucksvorgaben bestehen wie im klassischen Fragebogenverfahren in einer Anzahl von kurzen Verhaltensbeschreibungen („Items"), die verschiedene *Kompetenzen* erfassen. Die Feedbackgeber …

– schätzen zunächst die Fokusperson hinsichtlich der Verhaltensbeschreibungen ein (siehe Beispiele Tabelle 3); dabei sollen sie in der Regel angeben, in welcher Intensität nach ihrer Meinung die Fokusperson das angesprochene Verhalten zeigt;
– die Einschätzungen werden zusammenfassend zu einzelnen Kompetenzdimensionen verrechnet und
– in Form eines Kompetenzprofils grafisch (siehe Abbildung 4) sowie einem Feedbackbericht schriftlich festgehalten. Üblicherweise erläutert der Bericht zusätzlich die einzelnen Kompetenzdimensionen, vergleicht die Fokusperson und ihr Ergebnis mit ähnlichen Personen- und Funktionsgruppen und gibt darüber hinaus Hinweise für mögliche Entwicklungsaufgaben.

Tabelle 3:
Beispiele von Verhaltensbeschreibungen (Items) eines 360°-Feedback
(aus „!Response 360°-Feedback"; Scherm, 2001)

Kompetenzdimension	Item
Entschlusskraft	„… nimmt Chancen im Geschäft wahr, selbst wenn sie mit Risiken oder besonderen Anstrengungen verbunden sind"
Umgang mit Misserfolg	„… gibt auch bei Widerständen nicht so schnell auf"
Kooperation und Teamwork	„… ist sowohl nach innen wie nach außen (z. B. Kunden gegenüber) um Beziehungen bemüht, von denen alle Seiten profitieren"
Freundlichkeit	„… ist in der Lage, auch unter Druck für ein angenehmes Arbeitsklima zu sorgen"
Konzeptionelles Denken	„… sucht und erkennt frühzeitig die Bedeutung von Entwicklungen für das eigene Geschäft"
Lernfähigkeit	„… wertet die Ergebnisse von geschäftlichen Entscheidungen und Maßnahmen so aus, dass sie/er die entscheidenden Erfolgs- oder Misserfolgsfaktoren herausfiltert"

Diese relativ standardisierte Form der Aussagenebene lässt zwar wenig Raum für eine individuelle Ausgestaltung des Urteils. Sie vereinfacht jedoch die Ergebnisermittlung, erhöht die Vergleichbarkeit von Kompetenzeinschätzungen und erleichtert somit die Kommunikation vor allem zwischen verschiedenen Feedbacknehmern.

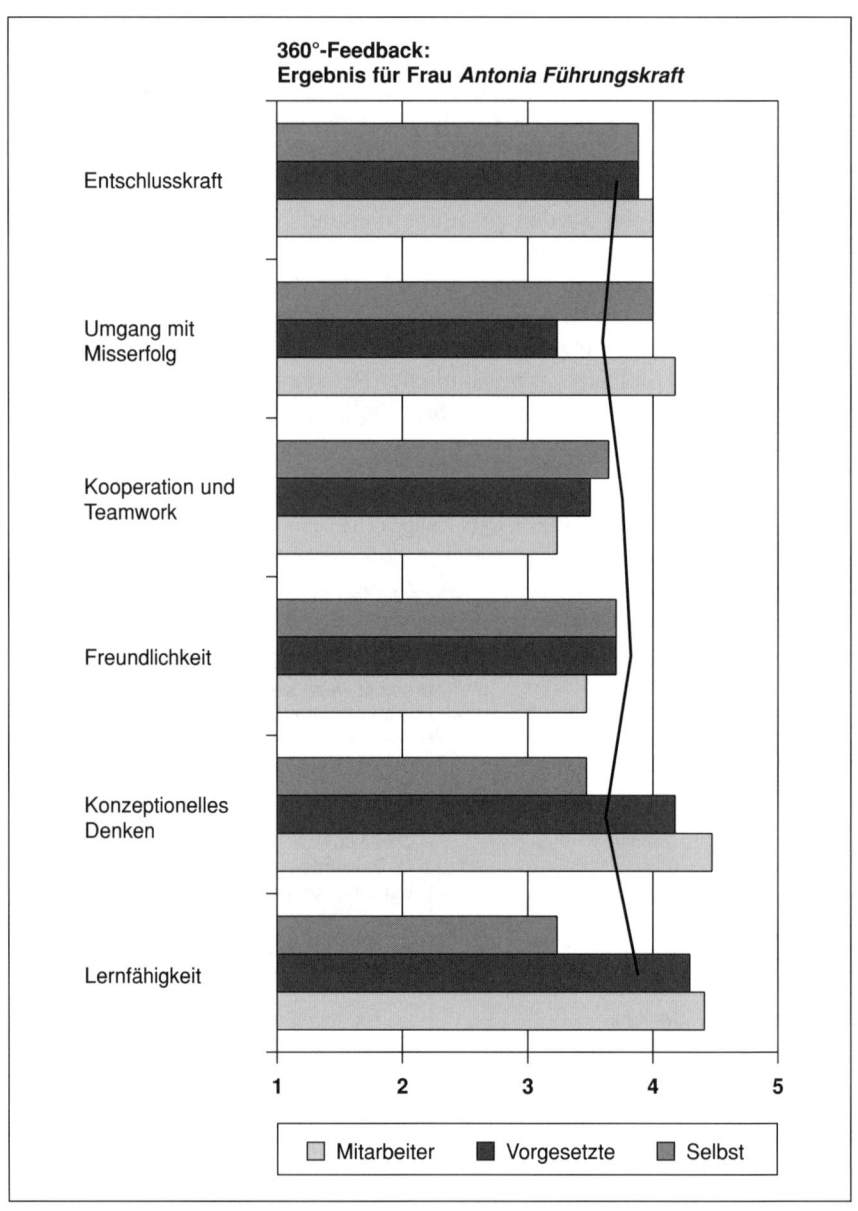

Abbildung 4:

Feedbackprofil (Ausschnitt) für „!Response 360°-Feedback" (Scherm, 2001) mit sechs Kompetenzdimensionen

Anmerkung: Aus Gründen der Übersichtlichkeit mit nur drei Beurteilungsquellen: Selbsturteil, Vor-
gesetztenurteil und Mitarbeiterurteil. Die zusätzliche Linie markiert das Anforderungsprofil, das alle Feedbackbeteiligten (inkl. der Feedbacknehmerin) für die entsprechende
Funktion erstellt haben.

28

Die Kritik:
360°-Feedback als mikropolitischer Prozess

Kritiker [wie Neuberger (2000) oder Sprenger (in Druck)] machen gegen die Auffassung, beim 360°-Feedback handele es sich in erster Linie um ein Rahmenkonzept zur Kompetenzentwicklung, eine Reihe von Einwänden geltend. Diese lassen sich in einem Prozessmodell wie folgend zusammenfassen:

1. Schritt: Die machtpolitische Zielsetzung

Das Ziel des 360°-Feedback ist es in aller Regel nicht, Urteile und Einschätzungen zum Zweck der Führungskräfteentwicklung einzuholen. Zwar wird mit diesem Ziel im Zusammenhang mit der Einführung von Feedback-Systemen um Akzeptanz geworben („Wir wollen unsere Führungskräfte auf die zukünftigen Herausforderungen bestmöglich vorbereiten"), aber die „hidden agenda" ist eine andere: Das Ansinnen der Unternehmensleitung besteht darin, die Führungskräfte mit dem 360°-Feedback zu disziplinieren und unangenehme Entscheidungen vorzubereiten: „Oder wollen die Unternehmenslenker unter den Führungskräften einmal gründlich ‚aufräumen' (das Wort „ausmerzen" fällt in diesem Zusammenhang häufig), Entlassungen weich vorbereiten, quasiobjektive Verfahren vorschieben, weil sie die persönliche Exekution unangenehmer Personalentscheidungen scheuen?" (Sprenger, in Druck).

2. Schritt: Die selektive Wahrnehmung

Da alle Beteiligten implizit davon ausgehen, dass die Zielsetzung auch eine machtpolitische ist, werden sie ihre Wahrnehmung nicht primär am Können der zu beurteilenden Führungskraft orientieren, sondern an den zu erwartenden Konsequenzen des Feedbacks. Dies hat zur Folge, dass die ohnehin wirksamen Wahrnehmungsfilter verstärkt aktiviert werden, so dass die Kompetenzeinschätzungen nur noch wenig mit der beobachtbaren Führungsrealität zu tun haben.

3. Schritt: Die geringe Validität der Ergebnisse

Sowohl die sich selbst beurteilenden Führungskräfte als auch ihre Fremdbeurteiler geraten in eine Zwickmühle: Handelt es sich um eine Führungskraft, die ohnehin in der Kritik steht, wird sie einerseits den Drang verspüren, sich selbst unangemessen aufzuwerten (im Sinne eines „impression management"). Auf der anderen Seite wird sie annehmen müssen, gerade durch eine solche Aufwertung ihres Selbstbildes die Kritik an ihrer Person zu verstärken. Die Feedbackgeber ihrerseits befürchten Repressalien, wenn sie die Führungskraft negativ beurteilen. Sie werden daher in „vorauseilendem Gehorsam" eher milde Urteile abgeben – dies allerdings um den Preis, wenig zur Kompetenzentwicklung der Führungskraft beisteuern zu können. Beide Seiten tragen somit dazu bei, die Validität (Gültigkeit) der Einschätzungen zu verringern.

$$\downarrow$$

4. Schritt: Die Erhöhung des Konfliktpotenzials

Wenig valide Aussagen sind für das Ziel der Kompetenzentwicklung kontraproduktiv. Überzogene Selbst-, milde oder auch übermäßig strenge Fremdurteile säen gegenseitig Zweifel am Interesse von Feedbackgeber und -nehmer, die Führungssituation verbessern zu wollen. Anstatt gemeinsam den Ursachen für die unterschiedlichen Eindrucksperspektiven nachzugehen, wird es zu Auseinandersetzungen mit fraglichem Ausgang kommen. War es neben dem verborgenen das erklärte Ziel, eine offenere Führungskultur zu installieren, werden evtl. vorhandene Ressentiments zwischen den Beteiligten noch verstärkt. (Und am Ende richtet sich die Kritik vor allem auch an die personalverantwortliche Stelle, die „den Prozess nicht professionell gemanagt hat"…)

2.5 Prozessmodell und zentrale Forschungsbefunde

Es liegen zur Zeit noch wenig geprüfte Modelle zur Wirksamkeit und zu den Effekten eines 360°-Feedback-Prozesses vor. London und Smither haben auf der Basis einer Vielzahl von Studien die wichtigsten Effekte und Wirkungsbeziehungen von Multisource Feedbacks in einem Prozessmodell abgebildet (1995, S. 808 ff.; Abbildung 5). Im Folgenden werden die wichtigsten Komponenten des Modells und ihre Verbindungen untereinander dargestellt. Zusätzlich werden die in diesem Zusammenhang vorliegenden empirischen Befunde abrissartig präsentiert. Die Darstellungen zu den nummerierten Kästchen des Modells erfolgen jeweils in den entsprechenden Unterkapiteln (vgl. Kap. 2.5.1–2.5.6).

2.5.1 Die Urteilsdifferenzen zwischen Selbst- und Fremdurteil

Urteilsdiffe-
renzen führen
seitens der
Fokuspersonen
zu Erklärungs-
versuchen

Die Abweichung zwischen dem Selbst- und dem Fremdurteil durch die Feedbackgeber wird als *Urteilsdifferenz* bezeichnet. Eine Fokusperson schenkt Urteilsdifferenzen umso größere Aufmerksamkeit, je größer diese ausgeprägt sind. Sie sieht sich genötigt, sich und anderen die Differenzen

30

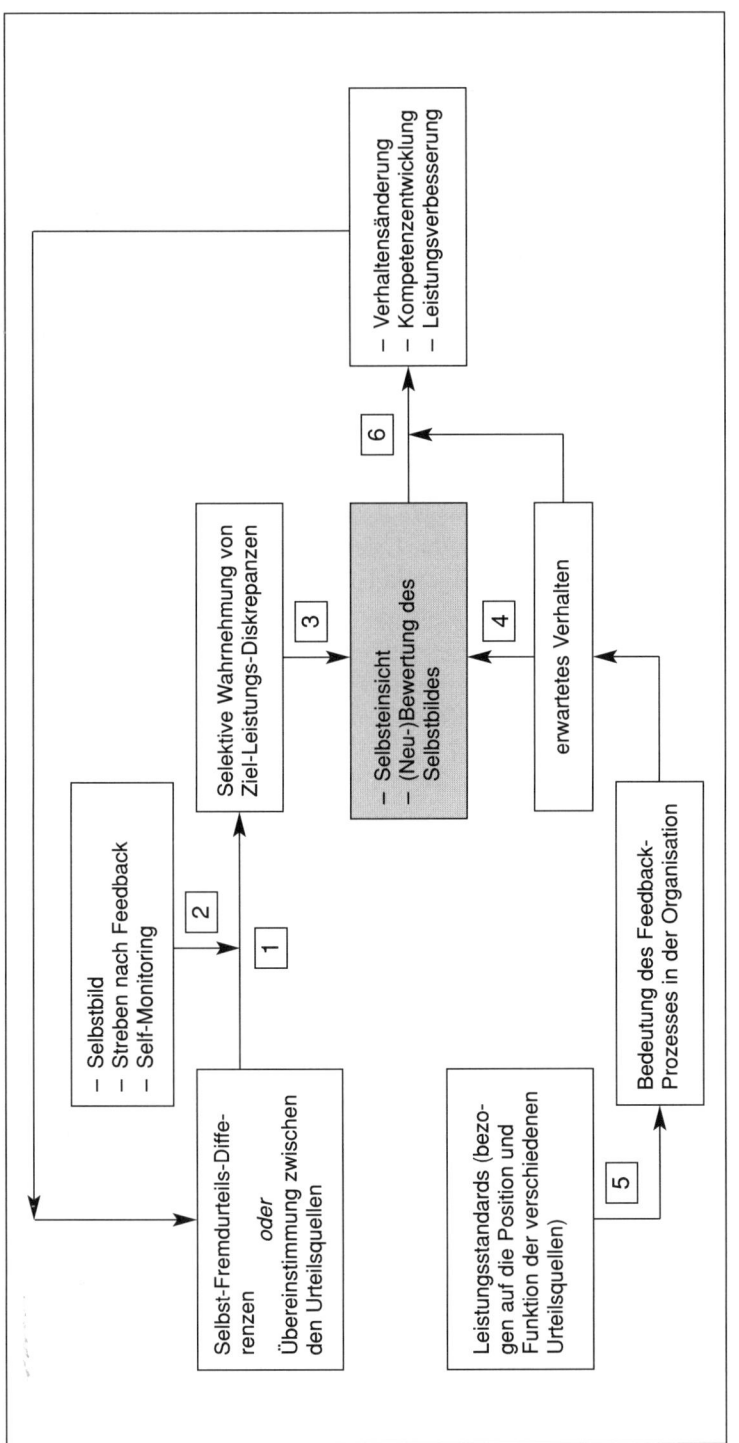

Abbildung 5:

Feedback-Modell mit den wichtigsten psychologischen Einflussfaktoren (verändert nach London & Smither, 1995, S. 808)

Anmerkung: Die Darstellungen zu den nummerierten Kästchen erfolgen jeweils in den entsprechenden Unterkapiteln, z. B. zu [1] unter 2.5.1

31

zu erklären – v. a. dann, wenn ihre Umgebung sie ungünstiger einschätzt als sie sich selbst. Sie wird sich weiterhin fragen, *warum* ihr Umfeld sie anders sieht, und wird versuchen, diesen unangenehm „dissonanten" Zustand zu beenden.

Allerdings gilt dieser Effekt nur, wenn sich die Feedbackgeber in ihrem Urteil weitgehend einig sind (d. h. bei einer niedrigen Standardabweichung innerhalb der jeweiligen Gruppe der Feedbackgeber). Ist dies nicht der Fall und die Feedbackgeber geben deutlich unterschiedliche Urteile ab, wird die Fokusperson Erklärungen bei den Feedbackgebern und weniger in der eigenen Person suchen (im Sinne „die ‚verstimmten Mitarbeiter' oder ‚neidischen Kollegen' haben mich absichtlich schlecht beurteilt").

Typologie der Urteilsdifferenzen
Um die Analyse und Diskussion von Urteilsdifferenzen im 360°-Feedback zu erleichtern, bietet sich folgende Unterscheidung an: – *Der akkurate Selbsteinschätzer* schätzt seine Kompetenzen in Übereinstimmung mit seinen Feedbackgebern ein; der Einfachheit halber bezeichnen wir ihn im Folgenden als „Typ →". – *Der Überschätzer* schätzt seine Kompetenzen gemessen an seinen Feedbackgebern zu hoch ein („Typ ↑"). – *Der Unterschätzer* schätzt seine Kompetenzen zu niedrig ein („Typ ↓").

2.5.2 Der Zusammenhang der Urteilsdifferenzen mit der Zielerreichung

Dieser Effekt betrifft die Differenzen zwischen Selbst- und Fremdurteil und die Frage, inwieweit eine Führungskraft mit ihrer Leistung die angestrebten Ziele auch tatsächlich erreicht hat. Eine Führungskraft also, die
– über ein positives *Selbstbild* verfügt,
– kontinuierlich bestrebt ist, in ihrer Umgebung Feedback einzuholen und
– in der Lage ist, verbale und nonverbale Reize von Personen ihrer Umgebung valide zu deuten und ihr Verhalten daran auszurichten (Self-Monitoring),

wird Differenzen zwischen ihrer Selbst- und den Fremdbeurteilungen mit hoher Wahrscheinlichkeit in Zusammenhang mit ihrer eigenen Leistung bringen. Ist sie vom Typ ↑ (d. h. ein Überschätzer), wird sie vermuten, dass die Feedbackgeber die von ihr erreichten Ergebnisse eher kritisch einschätzen, und an ihrer Leistung zweifeln. Dies wird umso stärker der Fall sein, je weniger klar die zu erreichenden Ziele konfiguriert sind. Ist sie vom Typ ↓ (d. h. ein Unterschätzer), wird sie sich in ihren Leistungen bestätigt sehen. Sie wird jedoch ihr Selbstkonzept kritisch mit der Frage überprüfen, warum sie ihre Kompetenzen so niedrig beurteilt hat und sich mittel- bis langfristig positiver einschätzen.

Im Zusammenhang mit der Frage der Urteilsdifferenz sind eine Reihe von *empirischen* Befunden diagnostisch interessant:

Empirische Befunde zur Frage der Urteils-differenzen

– Führungskräfte vom Typ → mit *positiven Kompetenzeinschätzungen* gelten in ihren Organisationen – gemessen an den von ihnen erzielten Resultaten – auch als *leistungsstark*. Sie stellen sich anspruchsvolle Ziele und erfahren in ihrer Tätigkeit Rückhalt bei ihren Mitarbeitern und Vorgesetzten (Bandura, 1982).
– Führungskräfte vom Typ →, die sich selbst in *Übereinstimmung* mit ihren Feedbackgebern lediglich *geringe* Kompetenzen attestieren, weisen ein niedriges Leistungsniveau auf (Atwater & Yammarino, 1997).
– Auch Führungskräfte des Typs ↑ gelten in ihren Unternehmen als „Schwachleister" (Yammarino & Atwater, 1993). Sie scheitern in ihrer Karriere eher als solche Personen, die hinsichtlich ihrer Selbsteinschätzung zum gleichen Urteil wie ihre Umgebung kommen (Bass & Yammarino, 1991). Für Probleme im Karriereverlauf sowie für das niedrige Leistungsniveau gibt es zwei gewichtige Gründe: Zum einen unterhalten sie in der Regel keine guten Beziehungen zu ihren Mitarbeitern und erfahren insofern wenig Unterstützung, zum anderen erkennen sie die Erwartungen sowohl ihrer Kunden als auch ihrer Kollegen an sie selbst nicht.

Führungs-kräfte, die sich überschätzen, zeigen Probleme in ihren Karriere-verläufen

– Die Gruppe der Führungskräfte des Typs ↓ weist dagegen unterschiedliche Leistungsniveaus auf. Unter ihnen finden sich leistungsstarke, durchschnittliche und auch leistungsschwache Personen. Führungskräfte diesen Typs suchen sich eher einfache Aufgaben und setzen sich in aller Regel keine ehrgeizigen Ziele (Bandura, 1982).
– Generell scheinen Führungskräfte dazu zu neigen, sich in stärkerem Maße Kompetenzen zu attestieren als ihnen dies von ihrer feedbackgebenden Umgebung zugeschrieben wird. Sie beurteilen sich selbst offenbar milder. So berichtet eine kürzlich publizierte Studie von mittleren Unterschiedseffekten ($d = .49$) u. a. zwischen dem Selbsturteil von Führungskräften und dem Urteil ihrer Kollegen z. B. hinsichtlich des Kompetenzfaktors „Ergebnisse produzieren" (Beehr, Ivanitskaya, Hansen, Erofeev & Gudanowski, 2001, S. 781 ff.).

Die Selbst-urteile von Führungs-kräften fallen positiver aus als die Fremd-urteile, die sie erhalten

– Hinsichtlich der Frage, inwieweit die *Feedbackgeber-Gruppen* bezüglich ihrer Einschätzungen *untereinander* übereinstimmen, gibt die oben zitierte Studie von Beehr et al. ebenfalls Aufschluss. Die Gruppe der Kollegen und die der Vorgesetzten stimmen in ihrem Urteil mit einem mittleren Korrelationseffekt von $r = .40$ überein, während die Korrelation zu den Selbstbeurteilungen der Führungskräfte mit $r = .12$ lediglich einen kleinen Übereinstimmungseffekt zeigt (Beehr et al., 2001, S. 779).

Zudem sind sich die Kollegen in ihren Einschätzungen *untereinander* in höherem Maße einig als Vorgesetzte und Mitarbeiter. Die sogenannte „Interrater-Reliabilität" beträgt bei der Gruppe der Kollegen $\rho^2 = .57$, bei der Gruppe der Vorgesetzten $\rho^2 = .38$ und bei der Gruppe der Mitarbeiter $\rho^2 = .48$ (Greguras & Robie, 1998, S. 964).

– Allerdings sind es gerade die Kollegenurteile, die von Seiten der Fokuspersonen relativ wenig geschätzt zu werden scheinen. Auf die Frage, inwieweit sie das ihnen gegebene Feedback akzeptieren, stufen beispielsweise n = 220 Führungskräfte eines amerikanischen öffentlichen Versorgungsunternehmens das Kollegenfeedback niedriger als das Mitarbeiterfeedback ein (Facteau et al., 1998, S. 438).

Urteilsdifferenzen sind über kurze Zeiträume hinweg stabil

– Und es gibt erste Anhaltspunkte für die Annahme, dass Urteilsdifferenzen, zumindest über kurze Zeiträume hinweg betrachtet, relativ stabil sind. So konnte in einer Studie mit n = 31 weiblichen (!) Führungskräften gezeigt werden, dass die gemessenen Differenzen zwischen der Selbst- und der Fremdbeurteilung zwischen zwei Zeitpunkten t_1 und t_2 (Abstand: ein Monat) hoch korrelieren. Mit $\bar{r} = .72$ handelt es sich um einen starken Effekt (Nilsen & Campell, 1993, S. 266 ff.). Dies legt zum einen die Vermutung nahe, dass sich die Feedbackgeber über kurze Zeitspannen hinweg betrachtet relativ stabil in ihrem Eindrucksurteil zeigen. Zum anderen darf man annehmen, dass Feedbacks kurzfristig nur geringe Verhaltensänderungen auf Seiten der Fokuspersonen bewirken.

Die Fähigkeit zum Self-Monitoring sagt noch nichts über die sozialen Kompetenzen aus

– Der angenommene Zusammenhang schließlich zwischen der Fähigkeit zum „Self-Monitoring" und verschiedenen Kompetenzen erweist sich bei empirischer Prüfung als gering (Warech, Smither, Reilly, Millsap & Reilly, 1998, S. 464 ff.). So korreliert Self-Monitoring mit der Vorgesetzteneinschätzung bezüglich des Feedbackbereichs *interpersonelle Kompetenzen* (Beispieldimensionen: „Aufbauen und Entwickeln von Teams", „andere Beeinflussen") lediglich zu r = .15, was einem kleinen Effekt entspricht. Der Zusammenhang zwischen „Self-Monitoring" und der Vorgesetzteneinschätzung bezüglich des Feedbackbereichs *Geschäfts-Kompetenzen* (Beispieldimensionen: „Planen und Implementieren", „strategisches Denken") zeigt mit r = .05 praktisch keinen Effekt. Ebenfalls kein Zusammenhang besteht zwischen Self-Monitoring und der Einschätzung der Kollegen für beide Kompetenzbereiche (mit interpersonellen Kompetenzen: r = –.02, mit Geschäftskompetenzen: r = –.09).

2.5.3 Die Wahrnehmung von Ziel-Leistungs-Diskrepanzen und ihr Einfluss auf die Selbsteinsicht und das Selbstbild

Eine weitere wichtige Nahtstelle im Feedback-Modell stellt der Zusammenhang zwischen Ziel-Leistungs-Diskrepanzen und der Selbsteinsicht sowie einer möglichen Neubewertung des Selbstbilds des Kandidaten dar.

34

Die zentrale Rolle für die Fähigkeit, das eigene Verhalten verändern zu können, nimmt in diesem Zusammenhang die *Selbsteinsicht* ein. Zwei theoretische Auffassungen stehen einander gegenüber (London & Smither, 1995, S. 816 f.):

1. Die *interaktionistische* Position geht davon aus, dass die Selbstwahrnehmung einer Person und die aus ihr zu gewinnenden Einsichten davon gesteuert werden, wie sie glaubt, dass *andere*, ihr wichtige Personen sie *sehen* (sie definiert sich quasi über die Meinung dieser anderen). Ihre Selbsteinsicht und ihr Bild von sich gewinnt sie, indem sie die Einschätzungen der anderen zu einem Gesamteindruck verdichtet. Nach dieser Auffassung wird eine Person, die überwiegend negatives Feedback erhält, zugleich annehmen, dass sie ihre Leistungsziele nicht erreicht hat. In Folge dessen wird sie ihr Selbstbild überdenken und gegebenenfalls verändern.

Wird Selbsteinsicht über die vermutete Meinung wichtiger anderer Personen gewonnen oder ...

2. Die stärker *individuumsbezogene* Auffassung besagt demgegenüber, dass eine Person zu Selbsteinsichten gelangt, indem sie sich *direkt* mit anderen *vergleicht*. Sie orientiert sich weniger an den vermuteten Einschätzungen ihrer Umgebung, sondern stützt sich überwiegend auf die Beobachtung ihres eigenen Verhaltens und ihrer Kompetenzen. Sie wird ihr Selbstbild nur dann verändern, wenn sie wiederholt negatives Feedback erhält und die Feedbackgeber für sie sehr wichtig sind.

... durch den direkten Vergleich mit anderen?

Die seitens eines Unternehmens an Feedback-Prozesse geknüpften Erwartungen bestehen darin, dass die Feedbackempfänger ihr Selbstbild mit ihren gezeigten Leistungen in Verbindung setzen. Es liegen zur Zeit noch wenige empirische Studien vor, die Aufschluss darüber geben können, in welcher Weise sich die Selbsteinsicht oder das Selbstbild im Zuge eines Feedback-Prozesses verändern. Jedoch gibt es erste Hinweise darauf, dass Führungskräfte vom Typ ↑, die ihre eigenen Leistungen überschätzen, ihr Selbstbild nach dem Feedback kritisch in Frage stellen. Führungskräfte vom Typ ↓ und einer Unterschätzung ihres Leistungsniveaus neigen dagegen dazu, sich selbst positiver zu bewerten (Atwater, Rousch & Fischthal, 1995).

2.5.4 Das erwartete Verhalten und die Bedeutung des Feedback-Prozesses

Die mit einer Position verbundenen Verhaltensstandards (im Sinne von Kompetenzen oder Fähigkeiten) werden seitens der personalverantwortlichen Stelle häufig in Anforderungsprofilen definiert und im Verhältnis zwischen Vorgesetztem und Mitarbeiter beständig aktualisiert. Feedback-Prozesse erhöhen besonders dann die Aufmerksamkeit für das erwartete Verhalten, wenn unterschiedliche Feedbackquellen (Vorgesetzte, Kollegen, Mitarbeiter) einbezogen werden, die jeweils eigene Erwartungen an die zu beurteilenden Fokuspersonen artikulieren. Je eindeutiger und verbindlicher

Je verbindlicher die *Verhaltenserwartungen*, desto größere Aufmerksamkeit genießen Feedback-Prozesse die Verhaltensstandards für Führungskräfte gehalten sind, desto eher führen Joberfahrungen zu nachhaltigen Lernprozessen und zu einer erweiterten Sicht der eigenen Person. Werden an sie dagegen vom Umfeld unterschiedliche oder gar einander entgegenstehende Verhaltensanforderungen herangetragen, so wird ihnen die Deutung von Feedback und damit die intendierte Persönlichkeitsentwicklung erschwert.

Interessanterweise stimmen nun Positionsinhaber und ihre Vorgesetzten in der Realität wohl nicht sonderlich gut darin überein, welche Kompetenzen für den Joberfolg wichtig sind – und welche nicht. So wurde beispielsweise an einer Stichprobe von n = 140 Managern einer US-amerikanischen Minengesellschaft eine eher mäßige mittlere Übereinstimmung zwischen den eingeschätzten Positionsinhabern und Vorgesetzten von $\overline{r}$ = .27 hinsichtlich der Wichtigkeit zentraler Kompetenzen („technische Fähigkeiten", „Planung und Kontrolle", „Kommunikation" etc.) gefunden – wahrlich kein Nachweis für Einmütigkeit. Noch weiter klaffte allerdings die Sicht der Dinge auseinander, in welchem Ausmaß die beurteilten Manager über die in Frage stehenden Kompetenzen verfügten: Mit einer mittleren Übereinstimmung von lediglich $\overline{r}$ = .07 zeigt sich ein sehr uneinheitliches Bild der Kompetenzbeurteilung. Wie nicht anders zu erwarten, schätzen die Vorgesetzten ihre Manager in der Tendenz kritischer ein als diese sich selbst (Yammarino & Waldman, 1993).

2.5.5 Die erwartete Leistung und die Bedeutung des Feedback-Prozesses

Jedes professionell installierte und gemanagte 360°-Feedback sollte nicht nur Erwartungen an das zu zeigende *Verhalten* klären helfen, sondern auch hinsichtlich der *Leistungen* und Ergebnisse. Zwar herrscht auch in deutschen Unternehmen die Auffassung vor, Feedback-Systeme überwiegend zur Personalentwicklung einzusetzen. Doch angesichts des erheblichen Aufwands, den die Unternehmen dabei treiben, stellt sich doch vielerorts die Frage, ob eine erfolgreiche Kompetenzentwicklung mittel- und langfristig nicht auch von einer messbaren *Leistungs-* und *Ergebnisverbesserung* begleitet sein sollte. Ansonsten besteht die Gefahr, dass sich allein die leistungsmotivierten „Seelen" ihre Feedback-Ergebnisse zu Herzen nehmen, ernsthaft an sich arbeiten und ihre Ergebnisse verbessern – und die anderen womöglich weiter machen wie bisher (Bracken, 1997).

Je verbindlicher die Leistungserwartungen, desto größere Aufmerksamkeit genießen Feedback-Prozesse

Welchen Einfluss haben *Leistungsstandards* bzw. die Frage, als wie verbindlich diese im Unternehmen angesehen werden, auf die *Beachtung* und die *Akzeptanz* von Feedback-Prozessen? Es liegt auf der Hand, dass ein Feedback-System umso größere Beachtung und Commitment seitens der Organisation erfährt, je verbindlicher neben den Verhaltens- auch die Leistungsstandards im Unternehmen gelten. Bestehen unternehmensintern grö-

36

ßere Unsicherheiten oder Differenzen über die Standards, wird das an die Führungskräfte übermittelte Feedback sein Veränderungspotenzial nur vereinzelt oder gar nicht entfalten können.

Die Beachtung, die die Einführung eines 360°-Feedback erfährt, ist zu großen Teilen auch davon abhängig, mit welcher *Einstellung* die Beteiligten dem Prozess gegenüberstehen. Die Einstellung dürfte wiederum von Personenmerkmalen wie der Leistungsmotivation und/oder dem Selbstvertrauen beeinflusst sein. Aus der Vielzahl möglicher Einflussgrößen seien drei Variablen hervorgehoben, die in Beziehung zu der Einstellung von potenziellen Feedbacknehmern zu einem *geplanten* (d. h. noch nicht durchgeführten) 360°-Feedback gesetzt und empirisch überprüft wurden (Funderburg & Levy, 1997; alle befragten n = 52 Feedbacknehmer verfügten über erste, vergleichsweise wenig tiefgehende Feedbackerfahrungen aus einem Pilotprojekt):

Drei Befunde und Regeln zur Einstellung gegenüber Feedback-Prozessen

– Je stärker der potenzielle Feedbacknehmer sich selbst *wertschätzt* und *achtet*, desto positiver steht er der Einführung des Feedbacks gegenüber (r = .27).

> **Regel 1:** Personen, die eine hohe Selbstachtung aufweisen, zeigen sich offen für Feedback-Prozesse!

– Je mehr der Feedbacknehmer davon ausgeht, dass er die ihn betreffenden, wichtigen beruflichen und privaten Dinge *selbst beeinflussen* kann, desto positiver steht er gleichfalls der Einführung des Feedbacks gegenüber (r = .28).

> **Regel 2:** Personen, die von ihrer Selbstwirksamkeit überzeugt sind, zeigen sich offen für Feedback-Prozesse!

– Je höher der individuelle, psychische Aufwand ist, den die beteiligten Personen im Falle der Einführung eines Feedback-Systems für sich erwarten, desto negativer stehen sie dem Feedback gegenüber (r = −.35). Der Aufwand bezieht sich auf solche Vorgänge wie Mitarbeiter und Kollegen als Feedbackgeber zu gewinnen, auch unangenehmes Feedback mit dem eigenen Team zu besprechen, Maßnahmen und Verhaltensänderungen einzuleiten usw.

> **Regel 3:** Personen, die mit der Einführung von Feedback-Prozessen besondere individuelle Belastungen erwarten, stehen diesen eher ablehnend gegenüber!

Überdies ließe sich der Zusammenhang zwischen diesen beiden Modellkomponenten auch in umgekehrter Richtung darstellen. Denn je stärker sich die Beteiligten dem Feedback-Prozess verpflichten, desto wahrscheinlicher ist ein Einfluss auf die Diskussion von Leistungsstandards. Eine offene Betrachtung und Analyse der Feedbackergebnisse trägt dazu bei herauszufinden, welche Kompetenzen zu außerordentlichen Leistungen beigetragen haben (und auch, welche Kompetenzdefizite zu Misserfolgen geführt haben). Dieser Umstand berührt direkt die Frage der Ergebnisse von Feedback-Prozessen.

2.5.6 Die Ergebnisse von Feedback-Prozessen

Das erklärte Ziel von 360°-Feedback-Prozessen ist die Persönlichkeits-Entwicklung von Führungskräften. Die angenommene Prozess-Logik des Verfahrens liegt darin, dass der kompetenzbezogene Abgleich des Selbstbildes mit dem Fremdbild die Selbsteinsicht der Feedbacknehmer erhöht und mittel- bzw. langfristig eine Verbesserung der eigenen Kompetenzen zeitigt. Welche Erfahrungswerte lassen sich nun aus der Praxis gewinnen? Wie reagieren die Teilnehmer an Feedback-Prozessen auf die ihnen vermittelten Rückmeldungen bezüglich ihres Führungsverhaltens und ihrer Kompetenzen? Und: Gelingt eine nachhaltige Kompetenzentwicklung? Wenn ja: Unter welchen Bedingungen?

• *Die Reaktion der Teilnehmer von Feedback-Prozessen*

Positiv eingeschätzte Führungskräfte akzeptieren ihr Feedback ...

Es lassen sich *affektive* (gefühlsbezogene), *kognitive* (denk- und vorstellungsbezogene) sowie *verhaltensbezogene* Reaktionen auf Feedback unterscheiden (Taylor, Fisher & Ilgen, 1984). Eine Fokusperson kann sich über das ihr gegebene Feedback freuen, sie kann sich darüber ärgern (affektive Reaktionen); sie kann Vermutungen darüber anstellen, warum die Feedbackgeber so und nicht anders geurteilt haben (kognitive Reaktionen); sie kann schließlich versuchen, ihr Verhalten in bestimmten Situationen zu verändern (verhaltensbezogene Reaktionen) usw. Als wichtigsten Einflussfaktor auf mögliche affektive Reaktionen identifiziert Farr das „wahrgenommene Vorzeichen der Feedback-Botschaft" (1991, S. 66), d. h. ob das Feedback für die Fokusperson in seiner Essenz eher positiv, neutral oder negativ aufzufassen ist. Demnach führt positives Feedback zu eher angenehm getönten, negatives Feedback zu eher unangenehm getönten Affekten.

Für die Bereitschaft, die Ergebnisse des Feedbacks als Ausgangspunkt der eigenen Veränderung anzunehmen, ist die Frage bedeutsam, inwieweit diese akzeptiert werden oder nicht. Die vorliegenden empirischen Studien zur individuellen Akzeptanz von Feedback-Ergebnissen zeigen klare Zusammenhänge auf. Wie zunächst von der Alltagserfahrung her nicht anders zu erwarten, akzeptieren Führungskräfte, die von Mitarbeitern und Kollegen positiv eingeschätzt werden, das Ergebnis als akkurates, für ihre Person stimmiges Feedback und sind insofern auch für kritische „Zwischentöne" offen (Facteau et al., 1998, S. 437 ff.).

... negativ eingeschätzte dagegen nicht

Allerdings: Je negativer und ungünstiger die Ergebnisse ausfallen, desto weniger sind Führungskräfte geneigt, diese zu akzeptieren. Sie verlegen

38

die Verantwortlichkeit für das Feedback im Sinne eines defensiven Problemlösungsstils auf die Seite der Feedbackgeber und suchen bei diesen nach Gründen für die Ergebnisse („die revanchieren sich jetzt für unbequeme Entscheidungen", „die Kollegen sind wohl neidisch auf meinen Erfolg" o. ä.).

Nachdenklich muss in dem Zusammenhang stimmen, dass diejenigen Führungskräfte, die ihr Feedback überwiegend nicht akzeptieren, dieses zugleich auch als wenig nützlich für ihre weitere persönliche Entwicklung betrachten. Insofern dürften die z. T. hohen Erwartungen an die „katalytische" Wirkung von Feedback (vgl. Abschnitt 2.1, erster Kasten, z. B. Punkte 2. und 6.) zumindest für diese Gruppe Fokuspersonen wohl nicht erfüllt werden.

• *Kompetenzentwicklung*

Auch zur Frage einer durch Feedback angestifteten *Kompetenzentwicklung* liegen erstaunlicherweise bislang nur wenige Studien vor (u. a. Atwater, Rousch & Fischthal, 1995; Smither, London, Vasilopoulos, Reilly, Millsap & Salvemini, 1995; Goldsmith & Underhill, 2001).

Bezüglich der Wirkung von Feedback-Interventionen zeigt eine Metaanalyse über 131 Publikationen mit einer großen Bandbreite von unterschiedlichen Aufgabenstellungen und Vorgehensweisen (inkl. leistungsbezogener Rückmeldungen), dass Feedback die Leistung der Feedbacknehmer mit einem nachweislichen Effekt verbessert ($d = .41$). Allerdings: Ein Drittel aller Feedback-Interventionen führte zu einer Leistungsverschlechterung (Kluger & DeNisi, 1996). Variablen, die einen moderierenden Einfluss auf die Wirkung von Feedback-Interventionen ausüben, sind demnach u. a.

Moderierende Variablen

– der Stil der Rückmeldung
– der Grad der Bedrohung der eigenen Selbstwertschätzung durch das Feedback
– die Frage der möglichen Konsequenzen.

Ein entmutigender Rückmeldestil verschlechtert die Chancen auf eine wünschenswerte Verhaltensentwicklung ebenso wie der Umstand, dass die Fokusperson ihre Selbstwertschätzung durch das Feedback bedroht sieht. Bleiben Feedbackprozesse ohne sichtbare Konsequenzen im Sinne von positiven oder negativen Anreizen, so ist dies gleichfalls wenig förderlich für die Entwicklung.

Die vielzitierte *Längsschnittuntersuchung* von Hazucha, Hezlett und Schneider (1993) stützt sich auf ein 360°-Feedback mit n = 48 beurteilten Führungskräften eines US-amerikanischen Unternehmens und ihre mögliche Entwicklung – als Resultat des Feedback-Prozesses – innerhalb eines Zeitraums von zwei Jahren. Als Feedbackgeber wurden die Vorgesetzten, die Kollegen sowie die Mitarbeiter der Fokuspersonen einbezogen, zudem gaben diese eine Selbsteinschätzung ab. Beispiele abgefragter Kompetenz-Dimensionen sind „Planung", „Problemanalyse" und „Konfliktmanagement".

Abbildung 6 zeigt das über alle abgefragten Dimensionen gemittelte Kompetenzergebnis. Sowohl die Selbst- als auch die Fremdeinschätzungen der Führungskräfte indizierten zwar *Verbesserungen* auf den durch das Feedback-Instrument vorgegebenen Dimensionen. Gleichwohl: Mag man die Verbesserungen auch als respektabel einstufen (wie die Autoren der Untersuchung dies tun), so handelt es sich doch nur um kleine Effekte ($d < .50$), d. h. die Veränderungen waren in der Tendenz sehr gering. Denn wie die Führungskräfte selbst ihre Kompetenzen als mäßig verbessert einstufen (Mittelwert zum 1. Zeitpunkt: 3.59 vs. Mittelwert zum 2. Zeitpunkt: 3.71), so tun dies auch ihre Fremdeinschätzer (Mittelwert zum 1. Zeitpunkt: 3.66 vs. Mittelwert zum 2. Zeitpunkt: 3.74). Dieses Ergebnis ist sicherlich dazu angetan, die z. T. hohen Erwartungen an Feedback-Interventionen und ihre Wirksamkeit über die Zeit zu dämpfen.

Gegen diese und weitere Studien sind neben anderen vor allem zwei wichtige Kritikpunkte vorzubringen, die die Aussagekraft ihrer Ergebnisse begrenzen. Zum einen ist der „*Verlust*" an einbezogenen Befragungsteilnehmern über die Zeit zu beklagen: Die oben zitierte Untersuchung startete zum

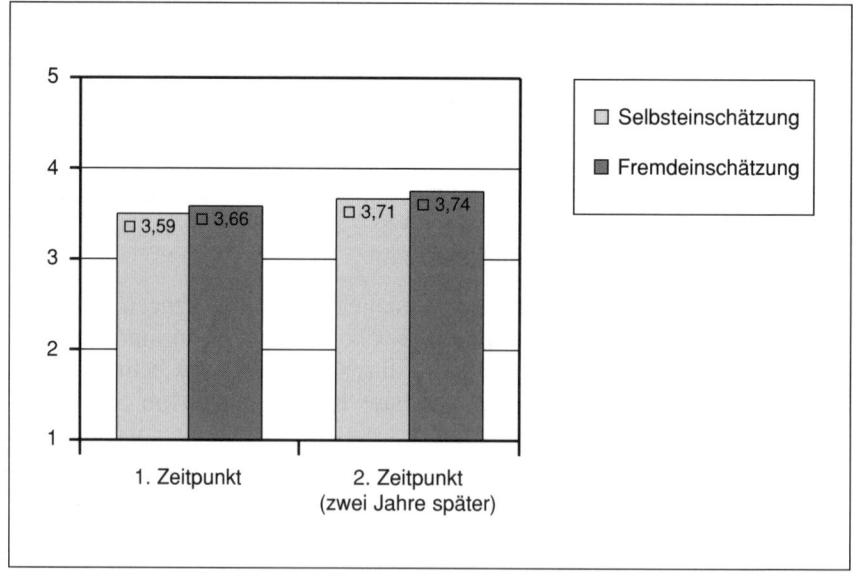

Abbildung 6:
Selbst- und Fremdeinschätzungen von Führungskompetenzen über einen Zeitraum von zwei Jahren (n = 48 Führungskräfte; Quelle: Hazucha, Hezlett & Schneider, 1993, S. 340)

40

1. Messzeitpunkt mit n = 198 Führungskräften, von denen zum 2. Messzeitpunkt lediglich noch n = 48 (24 %) erneut befragt werden konnten. In welcher Weise die unterwegs „verloren gegangenen" Personen ihre Kompetenzen entwickeln konnten (oder eben nicht), lässt sich nicht mehr rekonstruieren.

Im Übrigen zeigen sich oft gerade die leistungsehrgeizigen und kompetenzstarken Personen zu einer zweiten Untersuchung bereit; unter den anderen sind häufiger solche zu finden, die eine wiederholte „Begegnung" mit Feedback durch andere scheuen und nicht mehr befragt werden wollen. Insofern könnte ein „Drop-out" der letzteren, eher moderat oder schwächer kompetenzstarken Personen ungewollt und indirekt dazu beitragen, den Mittelwert der 2. Messstichprobe künstlich anzuheben (verblieben sind die leistungsstärkeren, während die anderen herausgefallen sind).

Weiterhin fehlt solchen Studien in der Regel eine Vergleichsgruppe, deren Entwicklung gleichermaßen über die Zeit beobachtet werden kann. Nur mit einer gegenüberzustellenden Kontrollgruppe ließe sich klären, ob die Kompetenzentwicklung der ersten Gruppe wirklich das Resultat einer Feedback-Intervention ist oder ob sich diese über einen bestimmten Zeitraum quasi auf „natürlichem Wege" – ohne aufwendige Feedback-Prozesse – einstellt.

- *Rolle des Vorgesetzten/der Organisation auf die Anstrengung und Kompetenzentwicklung*

Gleichwohl dürften die Ergebnisse der Untersuchung von Hazucha et al. (1993) von Interesse für zwei weitere Fragen im Zusammenhang mit Feedback-Prozessen sein. Diese betreffen die Rollen der Vorgesetzten und die der Organisation im Zusammenhang mit dem Feedbackprozess.

– Welchen Einfluss haben der Vorgesetzte und die Organisation auf die *Anstrengungen*, die eine Fokusperson hinsichtlich der eigenen Kompetenzentwicklung unternimmt?

Die diesbezüglichen Ergebnisse zeigen, dass der *Vorgesetzteneinfluss* vergleichsweise groß ist. Führungskräfte berichten von umso größeren eigenen Entwicklungsanstrengungen, je stärker sie dabei von ihren Vorgesetzten unterstützt werden (r = .44). Dieser – besonders für die Führungspraxis – bedeutsame Befund stützt sich auf folgende Verhaltenselemente[1] seitens des Vorgesetzten (S. 343): Der Vorgesetzte …

Vorgesetzte haben großen Einfluss auf die Entwicklungsanstrengungen ihrer Führungskräfte

- gibt (regelmäßig) Feedback auf die Leistung,
- unterstützt seine Führungskraft dabei, einen individuellen Entwicklungsplan aufzustellen und
- coacht diese in verschiedenen Feldern.

---

1 Die genannten Elemente ähneln im übrigen den Bedingungen erfolgreicher Therapieprozesse: Problemaktualisierung durch den Therapeuten und die damit verbundene Aufforderung an den Klienten zu aktivem Handeln, Angebote zur Klärung psychischer Prozesse und, falls erforderlich, auch aktive Hilfe (Grawe, Donati & Bernauer, 1994).

Andererseits beklagen Führungskräfte in der Feedback-Praxis gerade dies – dass sie mit ihren Entwicklungsanstrengungen vom Vorgesetzten häufig alleingelassen werden (Antonioni, 1996).

Auch die wahrgenommene *Unterstützung* durch die *Organisation* steht im Zusammenhang mit den Entwicklungsbemühungen, wenn auch in geringerem Maße (r = .28). Neben anderen Unterstützungsmerkmalen war es besonders ein in der strategischen Personalentwicklung breit verankertes und aktives „Career Development"-Programm, das die Führungskräfte positiv bewerteten.

– Welchen Einfluss haben der Vorgesetzte und die Organisation bei der *Kompetenzentwicklung*?

Für die beurteilten Führungskräfte ließ sich über die Selbsteinschätzung ein signifikanter Zusammenhang zwischen dem Ausmaß ihrer wahrgenommenen Veränderung und der erlebten Unterstützung durch ihren Vorgesetzten nachweisen (r = .53).

Es besteht ein Zusammenhang zwischen wahrgenommener Veränderung und erlebter Unterstützung

Die erlebte Unterstützung durch die Organisation wies einen positiven Zusammenhang sowohl mit der Selbsteinschätzung der Veränderung (r = .36) als auch mit der Fremdeinschätzung der Veränderung auf (r = .26). Als besonders wichtige Unterstützungsleistung für ihre Entwicklung sahen die beteiligten Führungskräfte das kontinuierliche Angebot von Trainingsseminaren an, die thematisch nah an der eigenen, beruflichen Tätigkeit liegen.

Festzuhalten ist, dass sowohl für die Entwicklungsbemühungen als auch für die erzielten Verbesserungen selbst die Vorgesetzten und die Organisation wichtige Unterstützungsleistungen beisteuern können. Damit wird deutlich, dass es zu einem Kompetenzzuwachs nicht nur einer *Wollensleistung* seitens der Feedbackgeber bedarf, sondern auch eines aktiven *Engagements* der unmittelbaren *Tätigkeitsumgebung*.

Feedback-Urteile sind in hohem Maße von der Erwartung und der Wahrnehmung der Beurteiler bestimmt

Als einigermaßen alarmierend und die Kritiker von 360°-Feedbacks teilweise unterstützend sind schließlich Ergebnisse zu betrachten, die jüngst zum Einfluss der Feedbackgeber auf die Kompetenzeinschätzung publiziert worden sind. So haben Mount und Scullen das Feedback-Urteil bei je *zwei* Beurteilern pro Perspektivgruppe in verschiedene (Varianz-)Quellen zerlegt (2001, S. 166 ff.): Den größten Einfluss auf das Urteil üben mit durchschnittlich 62 % Effekte auf Seiten der Rater (Beurteiler) aus, die ihren Eindruck nach verschiedenen *Erwartungshaltungen* und teils vereinfachenden, teils verzerrenden *Wahrnehmungsmechanismen* bilden – unabhängig davon, welches Verhalten und welche Leistung die Fokuspersonen tatsächlich zeigen. Demgegenüber berücksichtigt das Feedback-Urteil das gezeigte *Verhalten* der Fokuspersonen lediglich zu einem Anteil von 25 % – obwohl genau auch dies Gegenstand des Feedbacks sollte (die zu 100 % fehlenden 13 % entfallen auf Messfehler). Mit anderen

42

Worten: Das Feedback liefert bei lediglich zwei Beurteilern je Perspektivgruppe stärker Hinweise auf die Eindrucksbildung der Beurteiler als auf das Verhalten der Fokusperson selbst. Diesem Effekt lässt sich u. a. vorbeugen, indem das Feedback-Ergebnis als zusammengefasstes Durchschnittsurteil auf der Basis von *mehr* als zwei Feedbackgebern über *alle* verfügbaren Perspektiv-Gruppen errechnet wird. So erhöht sich beispielsweise der Varianzanteil für das gezeigte Verhalten der Fokusperson unter der Konstellation eines Feedbacks von einem Vorgesetzten, drei Kollegen und drei Mitarbeitern (d. h. bei sieben Beurteilern) auf 68 % (S. 172).

3 Analyse und Maßnahmenempfehlung

3.1 Voraussetzungen der Installation von 360°-Feedbacks

Ohne Anspruch auf Vollständigkeit werden im Folgenden wichtige Randbedingungen der Einführung von 360°-Feedbacks behandelt. Diese thematisieren weniger die zur Verfügung stehenden harten ökonomischen Ressourcen als die psychologischen Bedingungen der persönlichen Wertschätzung und der Entscheidung für eine bestimmte Funktion des 360°-Feedback.

3.1.1 Kultur der persönlichen Wertschätzung

Die Idee (oder: die Philosophie) des 360°-Feedback wird von der Vorstellung getragen, dass das In-Erfahrung-Bringen von Kompetenzeindrücken für die beteiligten Personen einer Arbeitsumgebung entwicklungsstiftend ist. Ob der mitunter auch kritischen Ergebnisse z. B. hinsichtlich der Frage des Führungsstils und der damit verbundenen Folgeaktivitäten bedarf sie einer prinzipiellen Kultur gegenseitiger Wertschätzung. Diese äußert sich darin, dass Verhaltensunterschiede im Sinne individueller Persönlichkeitsstile eher als Bereicherung denn als Bedrohung der Unternehmensidentität geachtet werden. Ein weite Bereiche des Unternehmens prägender „autoritärer Führungsstil", der Motivation beständig über Angst und Drohung herzustellen versucht, ist damit unvereinbar. Gleiches gilt für eine durchgängig konfliktbelastete Atmosphäre, die durch einen reichlichen Fundus wechselseitiger Kränkungen und ungelöster zwischenmenschlicher Probleme gekennzeichnet ist („Interaktion des liebgewonnenen, täglichen Kleinkriegs").

Feedback-Prozesse bedürfen einer Kultur der Wertschätzung

Als brauchbare diagnostische *Indikatoren* einer Kultur der Wertschätzung können u. a. gelten (vgl. das Konstrukt des „Organisationsklimas" u. a. bei Müller, 1999):

- Führungskräfte und Mitarbeiter äußern sich dahingehend, dass sie sowohl von der Geschäftsleitung als auch von wichtigen Personen in ihrem Bereich überwiegend fair behandelt werden;
- trotz (vorübergehender) persönlicher Krisen verbleiben die betroffenen Führungskräfte in ihren Funktionen;
- eine relativ geringe „führungsstilverursachte" Personalfluktuation im betreffenden Bereich.

Als nachgerade klassisch kann in diesem Zusammenhang ein Argument genannt werden, das *gegen* die Installation eines Feedback-Programms häufig gerade vom Top-Management sinngemäß wie folgt artikuliert wird:

> „Wir streben einen *offenen* Führungs- und Kommunikationsstil an, dazu sind Einschätzungen der Kompetenzen oder des Führungsstils in *anonymisierter* Form wenig zweckdienlich".

Hier lässt sich aus der Erfahrung entgegnen, dass gerade professionell gemanagte Feedback-Prozesse in der Lage sind, dieses Vorhaben in Richtung mehr Offenheit zu unterstützen. Zunächst mag es zwar für manchen Beteiligten so wirken, als würden anonymisierte Einschätzungen eher Zeichen des Misstrauens darstellen (auch Vokabeln wie „Denunziation" oder „Absäge-Botschaften" fallen in diesem Zusammenhang gelegentlich). Zu bedenken gilt jedoch, dass selbst in einer sonst vertrauensvollen Umgebung Feedback nicht immer direkt gegeben wird. Dies geschieht mitunter, wenn Teams oder Abteilungen unter großem Zeitdruck arbeiten und anschließend problematische Konstellationen oder Verhaltensweisen nicht mehr aufgegriffen werden können oder sich schlecht rekonstruieren lassen. Zudem dürfte es für Fokuspersonen primär zweckdienlich sein, sich mit den unterschiedlichen Perspektiven und deren Einschätzungen zu beschäftigen und erst in zweiter Linie mit den Personen, die diese vertreten.

3.1.2 Wertschätzung von Entwicklungsbemühungen durch Einbettung in Development-Strategien

Feedback-Prozesse bedürfen einer Wertschätzung von Entwicklungsbemühungen

Ein häufig unterschätztes Organisationsmerkmal ist das der Wertschätzung persönlicher Entwicklung. Wie Untersuchungen zeigen (z. B. Hazucha et al., 1993), ist die Veränderungswirkung von Feedback-Systemen in hohem Maße davon abhängig, wie sehr die Organisation die Entwicklungsbemühungen von Führungskräften tatsächlich unterstützt. Die Unterstützung kann u. a. in der Form von herausfordernden Aufgaben, durch Auslandsentsendungen etc. wie durch aufeinander abgestimmte Management Development-Module erfolgen.

Entsprechend der Betonung der Eigenverantwortlichkeit der Teilnehmer an Feedback-Prozessen („der Teilnehmer als der Eigentümer seines Feedbacks") ist auch im Bereich der Trainingsprogramme in letzter Zeit ein deutlicher Trend zu verstärkter Eigenverantwortlichkeit im Rahmen sogenannter „integrierter Trainings" festzustellen. Auch diese zielen durch offene Problemstellungen und entsprechend installierte Lernarrangements darauf, die für den Geschäftserfolg notwendigen Kompetenzen zu entwickeln. Mag es auch erfahrenen HR-Managern trivial erscheinen, dass Feedback-Systeme in entsprechende Development-Strategien und Umgebungen eingebettet sein sollten, so zeigt sich bisweilen doch bei näherem Hinsehen, dass nicht jedes High Potential-Programm auch tatsächlich dieses Label verdient.

Als Indikatoren einer die Entwicklung von Führungskräften wertschätzenden Unternehmenskultur dürften daher vor allem das Vorhandensein von konkreten Unterstützungsleistungen und die Transparenz der damit verbundenen Prozesse gelten. Das Transparenzkriterium wiederum lässt sich in drei Merkmalen aufschlüsseln:
- Transparenz der erwarteten Leistungsstandards
- Transparenz der individuellen Entwicklungschancen
- Transparenz der die Entwicklung unterstützenden Systeme (Trainings, Coachings, Mentorenprogramme etc.)

3.1.3 Entscheidung bezüglich der Funktion des Feedbacks

Zu den Voraussetzungen einer erfolgreichen Installation von Feedback-Programmen gehört die Klärung der Frage, wozu das Feedback dienen soll. Diese Klärung ist deshalb so wichtig, weil sie den teilnehmenden Fokuspersonen wie den Feedbackgebern eine Orientierung dahingehend vermittelt, was sie erwartet, d. h. welche kurz- und mittelfristigen Ziele das Unternehmen damit verfolgt. Diese Orientierung wiederum erleichtert erfahrungsgemäß sowohl die Durchführung des Feedbacks als auch die anschließende Unterstützung der beteiligten Führungskräfte durch Coachings oder die gezielte Auswahl von Trainingsmaßnahmen.

Grundsätzlich sind zwei unterschiedliche Richtungen des Feedbackeinsatzes denkbar: ein Einsatz in der Funktion der *Führungskräfteentwicklung* oder in der Funktion der *Personal-* und *Leistungsbeurteilung*. Einige Überlegungen für beide Richtungen sind in Tabelle 4 zusammengestellt.

Zwei Funktionen von Feedback-Prozessen

Tabelle 4:
Überlegungen für den Einsatz eines 360°-Feedback zur Entwicklung von Führungskräften oder zur Leistungsbeurteilung

	Entwicklung	Leistungsbeurteilung
Funktion aus Sicht des Unternehmens	treibt die Kompetenzentwicklung von Führungskräften voran	unterstützt Performance-Management-Systeme und das unternehmensinterne Controlling
Anreiz für die Fokusperson	hoher *innerer* Anreiz, da keine unmittelbar negativen Sanktionen drohen und somit eine tendenziell entwicklungsoffene Haltung besteht	hoher *äußerer* Anreiz, sich persönlich weiterzuentwickeln, da die Aussicht auf entschei-dungsrelevante Aktionen (Entgeltfindung, Beförderung etc.) seitens der Unternehmens-leitung besteht
Feedbackgeber	stehen in der Gefahr, sich für ihre Ratings nicht verantwortlich zu fühlen und teils zu milde, teils zu strenge Urteile zu vergeben (drohende Validitätseinbußen)[2]	stehen in der Gefahr, zu milde Ratings abzugeben, da sie um die Bedeutung des Feedbacks für den Adressaten wissen (drohende Validitätseinbußen)
mögliche Folgeszenarien hinsichtlich der Kompetenz- und Leistungs-entwicklung	• *positiv*: selbstverantwortete, nachhaltige Kompetenz-entwicklung auch über einen längeren Zeitraum hinweg[3] • *negativ*: bei schwachem Antrieb zur Selbstentwicklung und fehlender Unterstützung durch das organisationale Umfeld sowie die beteiligten Rater Stagnation der Kompetenzen	• *positiv*: aufgrund der externen Anreizsituation erfolgreiche Kompetenzentwicklung *und* messbare Leistungsverbesse-rung (Szenario wahrscheinlich für Fokuspersonen des „Typ →") • *negativ*: Ablehnung des Feedbacks und stagnierende oder gar abfallende Leistung (Szenario wahrscheinlich für Fokuspersonen des „Typ ↑")

2 In der Tat scheint auch in einem vorrangig als Entwicklungssetting angelegten Zusammenhang die Tendenz zur Milde gerade bei der Gruppe der Mitarbeiter gegeben zu sein. In einer eigenen Unter-suchung mit n = 51 Außendienstmitarbeitern eines großen Versicherungsunternehmens zur Diag-nose des individuellen Entwicklungsbedarfs unterschieden sich die Selbsteinschätzungen der Außendienstmitarbeiter nicht signifikant von den Einschätzungen, die sie von ihren Mitarbeitern erhielten (Scherm, 2001). Verglichen mit den Einschätzungen der Vorgesetzten fielen die Mit-arbeiterurteile jedoch deutlich milder aus. So zeigt sich beispielsweise auf der *!Response*-Skala „Umgang mit Misserfolg" ein mittlerer Unterschiedseffekt von d = .51 (M = 3.7 für Vorgesetzten-urteile versus M = 4.0 für Mitarbeiterurteile).

3 In einer neueren Studie konnten Walker und Smither (1999) zeigen, dass *Kompetenzverbesserun-gen* als Folge von Multi-Rater-Feedbacks kein „Strohfeuer" darstellen, sondern über längere Zeit-räume hinweg (hier: 5 Jahre) stabil bleiben.

3.2 Der Feedback-Prozess

Ein vollständiger Feedback-Prozess lässt sich in vier *Phasen* untergliedern. Diese Phasen sind im wesentlichen durch das Abklären strategischer Feedback-Ziele, durch das Erheben der Selbst- und Fremdeinschätzungen, das Rückmelden der Feedback-Ergebnisse sowie die Begleitung der Fokuspersonen durch adäquate Maßnahmen bestimmt.

Phase 1 – Strategische Ziele klären und Prüfen der Randbedingungen
Diese erste Phase eines 360°-Feedback gilt der Zielklärung, der Prüfung der Randbedingungen sowie der Auswahl des Instruments.

• *Ziele klären*

Wie oben bereits ausgeführt, ist es für den Erfolg von Feedback-Prozessen essentiell wichtig zu klären, welche Ziele verfolgt werden sollen. Als einander prinzipiell gegensätzliche Ziele werden sowohl von Feedbacknehmern als auch -gebern auf der einen Seite die Kompetenzentwicklung, auf der anderen Seite die Leistungsbeurteilung hervorgehoben. Da die Einführung des Feedbacks zur Leistungsbeurteilung und einer möglichen Kopplung an Fragen der Entgeltfindung bei den Beteiligten durchaus mit Ängsten verbunden ist, ist hier mit einem erheblichen Klärungs- und Abstimmungsbedarf seitens der Prozessverantwortlichen zu rechnen. Es mag nach einem Allgemeinplatz klingen darauf hinzuweisen, die tatsächlichen Ziele offen und glaubhaft zu kommunizieren. Gleichwohl zeigt die Praxis missglückter Feedback-Prozesse, dass gerade das Verfolgen anderer als der vereinbarten Ziele maßgeblich zum Scheitern des Feedbacks beiträgt.

Ziele des Feedback klären

• *Prüfen der Randbedingungen*

Die Einführung des Feedbacks wird durch verschiedene Umstände und Einflussfaktoren beeinflusst. Zu klären sind in diesem Zusammenhang u. a. folgende Fragen:

Randbedingungen des Feedback klären

– Wer nimmt als *Feedbacknehmer* teil? Handelt es sich bei den anvisierten Fokuspersonen tatsächlich um Führungskräfte mit entsprechender Führungsverantwortung?

– Wer kommt als *Feedbackgeber* in Frage? Handelt es sich um ein *Multisource-Feedback*, bei dem tatsächlich Einschätzungen von Personen aus unterschiedlichen Quellen eingeholt werden, oder sollen im Sinne eines Upward-Feedback lediglich die Mitarbeiter der betreffenden Führungskräfte um Feedback gebeten werden? Und: Sind die Mitarbeiter bereit, eine Einschätzung abzugeben? In diesem Zusammenhang gilt es, bereits in die ersten Planungen den Betriebsrat oder entsprechende Einflussgruppen einzubeziehen.

– Wie steht es um die *Anonymität* der Feedbackgeber? Die Einhaltung von Anonymität und Vertraulichkeit der abgegebenen Einschätzungen stellt eine entscheidende Bedingung für den Erfolg eines 360°-Projektes dar. Dieses Anliegen wird gerade auch von der Seite des Betriebsrates mit Nachdruck vorgebracht. Kommen hier Zweifel auf, ist ein 360°-Projekt schon in der Frühphase gefährdet.

Die Anonymität des Feedbacks betrifft zwei Vertraulichkeitsbedürfnisse:
– Der *Feedbacknehmer* muss sicher sein, dass die ihn betreffenden Feedbackergebnisse nur ihm selbst bekannt gegeben werden;
– die *Feedbackgeber* müssen sicher sein, dass die von Ihnen abgegebenen Einschätzungen weder vom Feedbacknehmer noch von anderen Feedbackgebern ihrer Person zugeordnet werden können.

Um die Anonymität der Feedbackgeber untereinander zu gewährleisten, ist es erforderlich, aus jeder Feedbackgeber-Gruppe mindestens drei Feedbacks einzuholen (bei lediglich zwei Feedbacks können die beiden Feedbackgeber aus den gemittelten Ergebnissen für jede Kompetenzdimension und der Kenntnis ihres eigenen Votums die jeweils andere Feedbackeinschätzung rekonstruieren; damit wäre das Anonymitätsgebot unterlaufen).

Die Validität der Fremdurteile droht unter zwei Bedingungen aufgehobener Anonymität abzufallen:
– Zum einen, wenn das Feedback in einem moderierten Gruppengespräch zwischen Fokusperson und Feedbackgebern (face-to-face) gegeben werden soll;
– zum anderen, wenn die Feedbackgeber um eine eigene, freisprachliche Beschreibung des Verhaltens der Fokusperson gebeten werden.

Unter beiden Bedingungen (auch der zweiten) können Einschätzungen und Urteile den Feedbackgebern mehr oder weniger persönlich zugeschrieben werden. Da sie in der Regel negative Sanktionen seitens der Fokusperson fürchten, werden Feedbackgeber dann tendenziell zu milde Urteile abgeben und kritische Voten vermeiden.

• *Auswahl des Feedbackinstruments*

Für den Erfolg eines 360°-Feedback ist es sehr hilfreich, wenn die verschiedenen Perspektiven-Gruppen in den Auswahlprozess eines geeigneten Instruments einbezogen werden. Soll das Instrument aus einem bewährten Basismodul eines 360°-Anbieters (oder einer eigenen Feedback-Version) und zusätzlich aus speziell auf die Situation der Unternehmenseinheit zugeschnittenen Fragen „maßgeschneidert" („customized") werden, so bieten sich Workshops mit Vertretern z. B. der Gruppen der Selbstbeurteiler, der Vorgesetzten, der Mitarbeiter etc. an. Denn die unterschiedlichen Feedbackgeber-Gruppen tragen an die Fokuspersonen unterschiedliche Aufgabenstellungen und Kompetenzerwartungen heran und wollen diese im Instrument berücksichtigt wissen.

48

Phase 2 – Informieren und Feedback-Daten erheben

Die zweite Phase des Feedback-Prozesses umfasst die Information der Prozessbeteiligten sowie das Einholen der Feedback-Urteile (Datenerhebung).

• *Informieren der Prozessbeteiligten*

Es empfiehlt sich zu Beginn der eigentlichen Feedbackphase, die Beteiligten (auch die Feedbackgeber) umfassend über Ziele, Vorgehensweise und mögliche Folgemaßnahmen zu informieren (z. B. in einem „Kick-Off"-Workshop). Nach einer aktuellen Studie begünstigt eine ausführliche Information der Prozessbeteiligten den Erfolg der Feedback-Intervention insgesamt (Runde, Kirschbaum & Wübbelmann, 2001, S. 152). Unsere eigenen Erfahrungen lassen sich in folgender *Regel* zusammenfassen: Je mehr Transparenz und Klarheit über Ziele und Vorgehensweise in der Startphase des Feedbacks hergestellt werden, desto höher ist das Prozess-Commitment der Feedbackgeber und -nehmer (und umso geringer sind die Prozessverluste in der Datenerhebungsphase z. B. in Form mangelhaften Feedback-Rücklaufs oder verzerrter Urteile).

Umfassende Information aller Feedbackbeteiligten erhöht die Erfolgsaussichten

Insbesondere die Fokuspersonen machen in der Regel folgenden Informationsbedarf geltend:

– Wer sind meine Feedbackgeber? Wer wählt diese aus? Habe ich dabei ein Mitspracherecht?
– Wer wertet die anfallenden Feedbackdaten aus – eine verantwortliche Stelle im eigenen Haus oder ein externes Institut?
– Wer erhält Kenntnis von meinen Feedbackergebnissen: Nur ich selbst oder auch meine Feedbackgeber? Welche Auswertungen gehen an die Geschäftsleitung – zusammenfassende Ergebnisse auf Basis von Mittelwerten für Gruppen, Abteilungen etc. oder auch individuumsbezogene Auswertungen?
– Wie werden meine bisher nicht erkannten Talente und Kompetenzen gefördert (z. B. durch veränderte Aufgabenstellungen)? Welche Möglichkeiten stehen mir offen, einen diagnostizierten Entwicklungsbedarf anzugehen (Frage nach eventuellen Coachings oder Trainingsmaßnahmen)?
– Wo verbleiben schließlich die angefallenen Daten und die Feedbackergebnisse (Datenschutzproblem der „Endlagerung" von personenbezogenen Informationen)?

• *Feedback-Daten erheben*

Die logistische Seite des Feedbacks ist v. a. im Falle von „Papier-Bleistift" gestützten Verfahrensprozessen mit erheblichem Aufwand verbunden. Deshalb dürften sich in Zukunft internetbasierte 360°-Befragungen verstärkt am Markt durchsetzen.

Die Datenerhebung des Feedbacks profitiert davon, folgende Erfahrungs-
regeln zu beherzigen:

a) Als Anlaufstelle für den Rücklauf der Feedback-Fragebögen eignet sich
eine Abteilung oder Gruppe, die einer unmittelbaren Einflussnahme auf
die Ergebnisse und die Folgen des Feedbacks unverdächtig ist. Um in
diesem Zusammenhang jegliche Zweifel auf Seiten der Feedbacknehmer und -geber aufzulösen, vergeben viele Unternehmen den
logistischen Part des Feedbacks inklusive der Ergebnisermittlung an
externe Kooperationspartner (Beratungsfirmen).

Die Auswahl der Feedbackgeber kann durch die Berücksichtigung folgender Kriterien optimiert werden:
– Die Feedbackgeber sollten die Fokusperson lange genug kennen, um
ein hinreichend verlässliches Eindrucksurteil von ihr aufgebaut zu
haben (Faustregel: mindestens ein halbes Jahr);
– sie sollten hinreichend vielfältige Gelegenheit haben, diese in ihrer
beruflichen Tätigkeit beobachten zu können;
– es sollten Personen unter ihnen sein, deren Urteil für die Fokusperson im Rahmen ihrer Tätigkeit bedeutsam ist;
– ferner solche, von denen positive Urteile zu erwarten sind,
– aber auch Personen, die vermutlich zu einem eher kritischen Urteil
gelangen.

Die einzelnen Feedbackgeber sollten der Stelle, an der die Feedbacks
zusammenlaufen, namentlich bekannt sein, um z. B. bei Problemen der
Feedback-Auswertung (durch ausgelassene Fragen, nicht eindeutige
Antwortmarkierungen etc.) klärende Nachfragen stellen zu können.
Insoweit ist der Feedback-Prozess nur teilweise anonym.

b) Die Zeitspanne für den Rücklauf der Feedback-Inventare sollte eher
knapp bemessen sein. Richtwert: 14 Tage nach Zugang. Nach eigenen
Erfahrungen aus Feedback-Prozessen ist ein mangelhafter Rücklauf innerhalb dieses Zeitraumes von 30–40 % ein relativ harter Indikator für
ein misstrauensbestimmtes Organisationsklima oder auch für ungeklär-
te Probleme im Zusammenhang mit dem Feedback selbst (z. B. bei der
Frage nach den möglichen Folgen oder der Anonymität der Urteile).
Säumige Feedback-Teilnehmer sollten telefonisch oder notfalls auch
schriftlich erneut kontaktiert werden.

c) In diesem Zusammenhang bieten *Online-Befragungen* per Internet komfortable Möglichkeiten der administrativen Vereinfachung. Ihr Einsatz
sollte unbedingt eine Verschlüsselung der erhobenen Daten vorsehen
und damit den Rückschluss auf den Feedbackgeber sowie einen Zugriff
durch unbefugte Dritte verhindern. Eine Reihe von Anbietern arbeitet
hier mit technischen Sicherheitslösungen wie sie beispielsweise im Bereich des Online-Banking eingesetzt werden. Im Rahmen von online-

gestützten Feedbacks lassen sich Teilnehmer per e-mail ansprechen und die Ergebnisse über das Netz verschicken.

Tabelle 5:
Vorteile der Internet-Nutzung für das 360°-Feedback

1. Verringerung der *administrativen* Belastung (z. B. durch den Wegfall aufwendiger postalischer Versendeaktionen und die komfortable Überprüfung des Feedbackrücklaufs),

2. Erleichterung der *international* grenzüberschreitenden Implementierung von Feedback-Systemen,

3. infolge dessen Intensivierung des unternehmensweiten Dialogs über die *Organisationskultur* und ihre Veränderung sowie

4. Harmonisierung von Bewertungs- und Entwicklungspraktiken und

5. schließlich die Verbesserung der *Qualität* der Beurteilungen (Bartram, Geake & Gray, in Druck).

Phase 3 – Auswerten und Rückmelden

Diese Phase sieht die Ermittlung der Ergebnisse und die Rückmeldung an die Beteiligten vor.

• *Die Auswertung und schriftliche Rückmeldung*

Die Auswertung und schriftliche Rückmeldung der Daten in Form eines Ergebnisberichts sollte in leicht verständlicher und übersichtlicher Form gehalten sein. Sie sollte u. a. folgende Elemente umfassen (vgl. hierzu auch Abschnitt 4.1, 6. Schritt): **Elemente des Ergebnisberichts:**

a) *Eine Profilübersicht*: Diese weist in Form einer Grafik die für jede Beurteilergruppe gemittelten Kompetenzeinschätzungen aus. **Profilübersicht**

Um besonders dem Feedbacknehmer einen schnellen Einblick in die wichtigsten Ergebnisse zu ermöglichen, sollte sich ein Linienprofil auf zwei bzw. maximal drei Beurteilungsgruppen beschränken (in der guten Absicht, alle Gruppen in einer Grafik zu berücksichtigen, überfordern manche Darstellungen den Empfänger).

b) *Anforderungs- bzw. Sollprofile*: Um dem Feedbacknehmer eine zusätzliche Orientierungshilfe hinsichtlich seiner Ergebnisse zu geben, sollte die Ergebnisdarstellung auch ein Anforderungsprofil ausweisen. Der Vergleich der gruppenbezogenen Einschätzungen mit dem Anforderungsprofil liefert wertvolle Hinweise für notwendige Veränderungsperspektiven. **Anforderungsprofile**

51

Das Anforderungsprofil stützt sich ebenfalls auf die Einschätzungen der unmittelbar Feedback-Beteiligten (inkl. den Feedbacknehmer) und ist valider als bereits vorliegende Anforderungsprofile (z. B. aus Assessment-Centern), weil die letztgenannten in der Regel für Funktionsgruppen und nicht für individuelle Tätigkeitsanforderungen erstellt werden.

Perspektiven-abgleich c) *Vergleich Selbstbild – Fremdbild*: Die Möglichkeit des Perspektiven-abgleichs stellt die wichtigste Option dar, die persönliche Entwicklung des Feedbacknehmers voranzutreiben. Dem Vergleich von Selbst- und Fremdbild sollte daher große Aufmerksamkeit bei der Ergebniser-mittlung und -darstellung gelten. Grafisch unterstützt werden hier die Kompetenzbereiche sowohl der größten als auch der geringsten Über-einstimmung ausgewiesen.

Gerade an dieser Stelle ist aus methodischen Gründen darauf hin-zuweisen, dass der Vergleich auf der Basis der *Kompetenzbereiche* erfolgen sollte – und nicht (wie vielfach praktiziert) auf der Basis einzelner *Items*. Zwar mag die Darstellung aller Items eines Bereiches (z. B. „Umgang mit Misserfolg") bisweilen instruktiv sein, die Validität (Gültigkeit) des Feedbacks ergibt sich jedoch nur auf der übergeord-neten Kompetenzebene. Schließlich soll genau hier die Entwicklung angestoßen werden, demgegenüber nicht auf der Ebene der einzelnen Facetten, die diese Kompetenzen indizieren (und bei denen die Feedbackgeber womöglich in ihrem Urteil stärker voneinander ab-weichen als bei der Gesamtbeurteilung der Kompetenz).

Höchste vs. niedrigste Kompetenz-urteile d) *Höchste vs. niedrigste Kompetenzurteile*: Hier werden die Bereiche dar-gestellt, bei denen die Fokusperson die höchsten bzw. die niedrigsten Einschätzungen durch die Feedbackgeber erhält.

• *Rückmeldung an die Fokusperson*

Feedback-Ergebnisse ausführlich erläutern Die Erfolgsaussichten eines Feedbackprojekts steigen tendenziell, wenn die Feedbackresultate nicht nur schriftlich zurückgemeldet, sondern auch durch einen Feedback-Coach ausführlich erläutert und Nachfolgeaktivi-täten geplant werden (Runde, Kirschbaum & Wübbelmann, 2001, S. 154 f.). Für das Feedbackgespräch zwischen Fokusperson und einem Feedback-Coach ist nach unseren Erfahrungen ein Zeitansatz von ca. zwei Stunden vorzusehen. Es stellt an die oder den Feedback-Coach hohe Ansprüche an ihre bzw. seine psychologische Expertise (themenzentrierte Gesprächs-führung, konstruktiver Umgang mit Abwehrhaltungen usw.).

Neben der Rückmeldung allein an den Feedbacknehmer bietet sich auch ein Feedback zusammen mit den jeweiligen Feedbackgeber-Gruppen an (Zeitansatz ca. drei Stunden). Diese eher offensive Form der Ergebniskom-munikation birgt verschiedene Risiken und eignet sich nur für Gruppen mit einem intakten Klima. Sie wird allenfalls von solchen Führungskräften befürwortet, die durch besonderen Leistungsehrgeiz auffallen und wissen, dass sie positive Urteile von ihren Feedbackgebern erhalten haben (Antonioni, 1996, S. 26).

Anlass zu Problemen gibt es in der Praxis häufig durch den Umstand, dass bei einer gruppenbasierten Aussprache die Anonymität der Feedbackgeber tendenziell aufgehoben wird. Diese sind gehalten, die Ergebnisse aus ihrer Sicht zu kommentieren und legen dabei ihre Eindrucksurteile offen. Unter der Bedingung eines kritischen Feedback-Ergebnisses mit ausgeprägten Wahrnehmungsdifferenzen entfalten Gruppenaussprachen ferner nicht selten eine Dynamik der Verfestigung: Die Akteure neigen dazu, ihren eigenen Standpunkt zu verteidigen und Ich-stützende Abwehrhaltungen einzunehmen.

Aussprache in der Gruppe über Feedback-Ergebnisse birgt Risiken

Ein Feedbackgespräch allein zwischen Fokusperson und einem Feedback-Coach kann folgende Leitthemen behandeln (Tabelle 6):

Tabelle 6:
Themen und Leitfragen und ihre Funktion für die Gestaltung des Feedbackgesprächs

Zeitpunkt im Feedbackgespräch	Thema/Leitfrage	Funktion
vor der Erörterung der Feedback-ergebnisse	Funktion und Aufgaben der Fokusperson im Unternehmen	Aktivieren des Anforderungsprofils bei der Fokusperson
	Einschätzen der eigenen Kompetenzen, spezifischen Stärken und Talente; den Entwicklungsbedarf aus eigener Sicht benennen	Abrufen des Selbstbildes eigener Kompetenzen
	erwartete Einschätzungen der Vorgesetzten/Kollegen/Mitarbeiter benennen	Konstruktion des erwarteten Fremdbildes
Ergebnisdarstellung: Einsicht der Beurteilungs-Profile einschließlich der Fremdein-schätzungen	Erarbeiten von Übereinstimmungen und Abweichungen zwischen … a) Selbsteinschätzungen und Anforderungsprofil	Einleiten selbstreflexiver Prozesse Abschätzung der Frage, inwieweit die Fokusperson ihren Jobanforderungen gerecht wird (Person-Job-Fit)
	b) Selbst- und Fremdeinschätzungen; *hier*: Wie ist das spezifische Verhältnis der eigenen Kompetenzwahrnehmung zu der Wahrnehmung der einzelnen Feedbackgeber-Gruppen (d. h. Vorgesetzte, Kollegen etc.)	„Modellieren" der Stärken rsp. Entwicklungsfelder

53

	Diagnose thematischer Verdichtungen: Liegen Übereinstimmungen und Abweichungen eher im Bereich – motivationaler Kompetenzen (z. B. „Entschlusskraft") – kognitiver Kompetenzen (z. B. „Lernfähigkeit") oder – sozial-interaktiver Kompetenzen (z. B. „Kooperation und Teamwork")	Reduktion der Komplexität des Feedbacks und damit Verbesserung seiner Akzeptanz
nach der Ergebnisdarstellung	Erklären der wichtigsten Ergebnisse: In welchen Bereichen sieht die Fokusperson selbst aufgrund festgestellter Urteilsdifferenzen zu den Feedbackgebern Entwicklungsbedarf? Inwieweit ist dieser tatsächlich bedeutsam im Sinne des Anforderungsprofils?	Aktivieren eigener Deutungsmuster und Entwicklungsperspektiven
	In einem Entwicklungsplan schriftlich fixieren: – Kompetenzfelder mit Entwicklungsbedarf – kurz- und mittelfristig einzuleitende Maßnahmen (die evtl. auch eine Veränderung der Tätigkeitsbedingungen umfassen können) – Angabe von Personen in der Umgebung der Fokusperson, die den Entwicklungsprozess unterstützen können – Angabe eines Zeithorizontes, innerhalb dessen nachhaltige Verhaltensänderungen und Kompetenzverbesserungen realistischerweise zu erwarten sind	Erstellen eines Entwicklungsplanes; Aktivieren des Potenzials zur Selbststeuerung

---

Phase 4 – Folgemaßnahmen

In dieser Phase werden Aktivitäten und Maßnahmen zur Unterstützung der Kompetenzentwicklung eingeleitet und umgesetzt.

Ausgangspunkt für diese abschließende Phase ist ein Entwicklungsplan, den die Fokusperson zusammen mit ihrem Feedback-Coach erarbeitet. Als unterstützende Maßnahmen für die Umsetzung entwicklungsstiftender Aktivitäten kommen zusätzlich zu Trainingsmaßnahmen in Frage:

• *Coaching*

Kompetenzentwicklung durch Coaching

Definiert als tätigkeitsbegleitender, zeitlich begrenzter Beratungsprozess, soll die Fokusperson durch einen entsprechend qualifizierten Coach in den

Stand versetzt werden, die eigenen Kompetenzen zu verbessern (vgl. Rauen, 2000). Die Installation eines Coaching-Prozesses für mehrere Fokuspersonen einer Abteilung oder eines Geschäftsbereichs hat u. a. drei Herausforderungen zu bewältigen:

– Nicht selten reagieren Führungskräfte auf den Vorschlag, sich coachen zu lassen, mit Abwehr. Sie befürchten, ein in ihrem Bereich tätiger Coach mache nach außen deutlich, dass sie selbst nicht mehr in der Lage sind, ihre Führungs- oder andere Probleme selbst in den Griff zu bekommen. Unternehmen lösen dieses Problem zunehmend dadurch, dass sie geeignete Führungskräfte gleicher hierarchischer Ebene aus dem eigenen Unternehmen als Coachs einsetzen (siehe die Fallbeispiele bei Koromzay, in Druck; von Pfeil & Schollmeyer, in Druck). Zu bedenken gilt es in diesem Zusammenhang, dass eine solche interne Lösung Kräfte über einen längeren Zeitraum bindet.

– Gerade Fokuspersonen des Typs ↑ (Überschätzer) neigen dazu, sich einen Coach zu wählen, der ihre Tendenz, die eigenen Kompetenzen zu überschätzen, akzeptiert oder gar fördert – mit den entsprechenden negativen Folgen für eine Verhaltensänderung (Baumeister, 1998).

– Um nachhaltige Verhaltensänderungen einzuleiten, sollte der Coach der Fokusperson eine Orientierung am *Erfolg* vermitteln und nicht eine Orientierung der Vermeidung von *Misserfolg* (Smither & Reilly, 2001). Eine Erfolgsorientierung ermöglicht der Fokusperson eher das Aktivieren eigener, bislang ungenutzter Fähigkeiten, während eine Orientierung am Misserfolg überwiegend defensive und Ich-stabilisierende Abwehrhaltungen mobilisiert.

• *Übertragung neuer Aufgaben*

Ein gleichfalls attraktiver Weg, die Kompetenzentwicklung von Führungskräften voranzutreiben, ist die Zuweisung neuer und herausfordernder Aufgaben. Dies eignet sich insbesondere, um Kompetenz-Teilbereiche zu fördern. Weniger opportun ist es dagegen, das Aufgabenspektrum zu erweitern, wenn das Feedback gravierende Kompetenzdefizite offenbaren sollte. In diesem Fall dürfte es zu einer Verstärkung von Unsicherheit und Versagensängsten auf Seiten der Fokusperson kommen. Um hier gewünschte Veränderungen einzuleiten, sind eher Trainings- oder Coachingmaßnahmen angezeigt.

Kompetenzentwicklung durch Übertragung neuer Aufgaben

Es lassen sich verschiedene Arten bzw. Anlässe unterscheiden, mit denen neue Aufgaben an Führungskräfte herangetragen werden (vgl. Lepsinger & Lucia, 1997, S. 189):

a) Bei der *Verantwortungserweiterung* erwartet die betreffende Person ein größeres Aufgabenspektrum, das auch den Einsatz bisher nicht erforderlicher Fähigkeiten und Kompetenzen vorsieht. Mehr Verantwortung ergibt sich z. B., wenn jemand aus einer Stabs- in eine Linienfunktion wechselt und nun mehrere Personen führen muss.

Beispiele für zu entwickelnde Kompetenzen: „Mitarbeiterführung", „Durchsetzungsvermögen".

b) *Turn-around*-Aufgaben stellen sich im Zusammenhang mit Abteilungen oder Geschäftsbereichen, die in größere Schwierigkeiten und unternehmerische Schieflage geraten sind. Sie stellen hohe Anforderungen an das Durchsetzungsvermögen und die Überzeugungskraft und werden oft Hoffnungsträgern des Unternehmens („High-Potentials") mit entsprechend ausgeprägten Kompetenzprofilen übertragen.

Beispiele für Kompetenzen: „Entschlusskraft", „Durchsetzungsvermögen", „Belastbarkeit".

c) Ähnliche Kompetenzen erfordern Aufgaben, bei denen ein Unternehmen *Neuland* betritt (etwa bei der Entwicklung einer neuen Produktlinie oder bei der Umstellung der Vertriebswege).

Beispiele für Kompetenzen: „Umgang mit Unsicherheit", „Kreativität".

d) Mit relativ klar definierten *Projekt-Aufgaben* schließlich werden vor allem Nachwuchskräfte der unteren Führungsebene betraut. Dabei möchte man sehen, inwieweit Kandidaten in der Lage sind, Probleme in knapp bemessenen Zeitfenstern effektiv und funktionsübergreifend zu lösen.

Beispiele für Kompetenzen: „Flexibilität", „Konzeptionelles Denken".

Abschließend ist darauf hinzuweisen, dass die Planung und Implementierung von Feedback-Prozessen den spezifischen Erfordernissen der Führungskräfte-Entwicklung vor Ort Rechnung tragen müssen und insofern auch Abweichungen von diesem Phasenmodell denkbar sind.

Empfehlungen für die Gestaltung des Feedback-Gesprächs
Sorgen Sie für ein wertschätzendes, angenehmes Gesprächsklima …
Ein angenehmes Klima macht es Ihrem Gesprächspartner leichter, auch unangenehme Nachrichten in einer offenen Haltung entgegenzunehmen. Gute Chancen, ein solch positives Klima herzustellen, bestehen, wenn Sie sich an den Regeln klientenzentrierter Beratung orientieren (Tausch & Tausch, 1990): u. a. einfühlendes, nichtwertendes Verstehen der Gefühle des Gegenüber, Entgegenbringen von Achtung und Echtsein, d. h. Verhalten, Mimik und Gestik des Feedback-Coachs stimmen mit dessen innerem Erleben überein.

... aber signalisieren Sie falls nötig auch eigene Stärke und Durchsetzungsvermögen!

Gerade Führungskräfte der oberen Ebene sind häufig darauf „geeicht", nach einem freundlichen Gesprächseinstieg durch Dominanzgesten und kritische Bemerkungen ihr (in diesem Fall imaginäres) Revier abzugrenzen. Etwa so: „Und Sie sind sicher, dass Ihr Feedbackverfahren die richtigen Themen abdeckt?" Personalentwickler mit psychologischem Hintergrund präsentieren sich dagegen oft als zu weicher Gesprächspartner und laufen dadurch Gefahr, als Feedbackvermittler wenig respektiert zu werden. Ein respekterheischender Konter in diesem Fall wäre: „Ganz sicher – und vor allem haben wir die für Sie wichtigen Personen einbezogen."

Stimulieren Sie Selbstreflexion und Auseinandersetzung mit sich selbst!

Der besondere Wert von Feedback liegt in der Möglichkeit, eine Person zum Nachdenken über sich selbst und ihr Verhalten anzuhalten („in sich zu gehen"). Um selbstreflexive Prozesse zu stimulieren, ist besonders der Abgleich des Selbst- mit dem Fremdbild geeignet. Dabei können Ihnen zwei Gesprächstechniken wertvolle Dienste leisten:

a) Offene Fragen stellen: Offene Fragen sind solche, die Ihr Gesprächspartner nicht mit „ja" oder „nein" beantworten kann. Sie laden ihn viel mehr dazu ein, sich zu öffnen und von sich zu erzählen. Auf diesem Wege erfahren Sie mehr von seinem Selbstkonzept, von hinter seinem Verhalten stehenden Beweggründen, Emotionen usw. Offene Fragen sind ferner auch dazu angetan, schweigsame und reservierte Personen aufzulockern. Nach Bedarf können Sie Ihrem Gesprächspartner dadurch auch die Möglichkeit geben, seinem Ärger Luft zu machen.

Beispiel: „Was könnte Ihren Vorgesetzten zu dieser Einschätzung bewogen haben?" (Anstatt: „Finden Sie sich in der Einschätzung Ihres Vorgesetzten wieder?").

b) Paraphrasieren von Gesprächsinhalten: Indem Sie Aussagen Ihres Gesprächspartners aufgreifen und in eigenen Worten wiedergeben, signalisieren Sie nicht nur Ihre Anteilnahme und Verständnis. Sie stellen darüber hinaus sicher, dass Sie seine Sicht der Dinge zutreffend aufgenommen haben bzw. geben ihm Gelegenheit, diese noch weiter zu illustrieren.

Beispiel: (Feedbacknehmer) „Ich bin schon sehr erstaunt darüber, dass meine Mitarbeiter mich bei „Teamwork" und „Kooperation" so niedrig einstufen. Ich versuche in unseren Meetings eigentlich immer, alle einzubeziehen. Auch im Alltagsgeschäft liegt mir viel daran, dass wir schwierige Fragen, wann immer möglich, gemeinsam angehen." (Feedback-Coach) „Die Einschätzungen Ihrer Mitarbeiter decken sich nicht damit, wie Sie selbst den Austausch untereinander in der Abteilung sehen?"

Stellen Sie Tätigkeitsbezug her!

Die Ergebnisse des Feedbacks entstammen immer einem spezifischen Kontext aus Aufgaben und Beziehungen von Personen. Erwecken Sie Kompetenzeinschätzungen und -profile dramaturgisch zum Leben, indem Sie den Feedbackempfänger bitten, Situationen zu schildern, anhand derer sich das Zustandekommen sowohl der Selbst- als auch der Fremdeinschätzungen rekonstruieren lassen. Versuchen Sie gemeinsam mit ihrem Feedbackempfänger abzuklären, inwieweit die Situationen für ihn herausfordernd oder kritisch waren. Und: Welche Lernchancen ergaben sich daraus bzw. lassen sich im nachhinein rekonstruieren?

Bieten Sie eigene Deutungen an!

Entgegen der vorherrschenden Überzeugung, ein Feedback-Coach solle sich eigener Interpretationen enthalten bzw. diese für sich behalten, vertreten wir gerade die Auffassung, dass es zu seiner originären Aufgabe gehört, dem Feedbackempfänger verschiedene Deutungsszenarien an die Hand zu geben. Pointierend ließe sich fragen, wozu man überhaupt einen Feedbackcoach benötigt, wenn dessen vorrangige Aufgabe lediglich darin besteht, Kompetenzeinschätzungen aus dem Ergebnisreport zu verlesen (dies kann der betreffende Feedbackempfänger auch allein). Wer sonst hat die Möglichkeit, ihm aus so unvoreingenommener Perspektive Lesarten anzubieten, die geeignet sein können, die eigenen liebgewonnenen Fehleinschätzungen, verzerrten Wahrnehmungen etc. aufzubrechen?

Halten Sie Balance zwischen „good and bad news"!

Bei Personen, deren Feedback deutlich kritisch ausfällt, besteht die große Gefahr, dass sie den Nutzen des Feedbacks gänzlich in Frage stellen (Gespräche mit Personen, die überwiegend positives Feedback erhalten haben, sind in aller Regel unproblematisch). Hier ist wichtig, in der Feedbacksitzung zwischen positiven und unangenehmen Botschaften auszubalancieren. Unangenehme Botschaften kommunizieren Sie für Ihren Feedbackpartner verträglicher, indem Sie ihn selbst die kritischen Ergebnisse beschreiben lassen (und damit seinen „inneren Zensor" gnädig stimmen): „Welche Bedeutung haben die Einschätzungen Ihres Vorgesetzten bezüglich der Kompetenzen „Entschlossenheit" und „Initiative" für Sie?

Dosieren Sie Ihre Feedback-Botschaften angemessen!
Konzentrieren Sie sich auf das Wesentliche, z. B.: Wo liegen die außerordentlichen Stärken dieser Person? Welche Abweichungen zwischen Selbst- und Fremdbild gefährden unter Umständen ihren Joberfolg? Wo liegen die Ursachen für Feedback-Ergebnisse (in der Biografie der Fokusperson, in Interessensgegensätzen, in der Person der Feedbackgeber)? Denken Sie daran, dass Führungskräfte unter notorischem Zeitmangel leiden und eine entsprechend kompakte Dramaturgie für die Feedback-Sitzung erwarten.

4   Vorgehen und Probleme

4.1   Leitfaden für die erfolgreiche Auswahl von Feedbackverfahren

Die nachfolgenden Regeln zur Auswahl eines Feedbackverfahrens stützen sich auf eigene Beratungserfahrungen sowie -konzepte und beziehen darüber hinaus die Empfehlungen anderer Forschungs- und Beratungsinstitute ausdrücklich mit ein (vgl. für eine ausführliche Darstellung Van Velsor, Leslie & Fleenor, 1997). Sie sollen den oder die Entscheider in erster Linie dabei unterstützen, ein für die eigenen Bedarfe passendes, bereits *einsatzfähiges* Verfahren ausfindig zu machen. Ebenso dienlich (wenn auch nicht vollständig übertragbar) sind sie jedoch auch für den Fall, dass Sie ein eigenes Verfahren entwickeln wollen.

1. Schritt: Strategische Ziele klären

Definieren Sie Ziel und Zweck des von Ihnen angestrebten Feedback-Prozesses! Die Ermittlung des Bedarfes Ihrer Zielgruppen ist nicht nur essentiell für die Wahl eines geeigneten Feedbackinstrumentes, sondern für den Erfolg des gesamten Feedback-Prozesses. Versuchen Sie dabei auch zu ermitteln, ob es neben den offenen und öffentlich erklärten auch verdeckte oder bis dato unausgesprochene Ziele gibt. Klären Sie nach Möglichkeit die Vereinbarkeit der ermittelten Zielsetzungen.

Bedarf der Zielgruppen identifizieren

Beziehen Sie dabei nicht nur die in Ihrem Unternehmen treibenden Kräfte und „Machtpromotoren" mit ein, sondern stimmen Sie dies vor allem auch mit den potenziellen Fokuspersonen und Feedbackgebern ab. Sorgen Sie dafür, dass alle direkt und indirekt beteiligten Personenkreise an der Klärung folgender Fragen beteiligt sind: Soll der Feedback-Prozess

– der *Kompetenzentwicklung* der einbezogenen Führungskräfte (spätere Leistungsverbesserung nicht ausgeschlossen …) oder

– einer *Personal-* und *Leistungsbeurteilung* oder

– anderen Zielen dienen, z. B. der Verbesserung des Klimas im Geschäftsbereich oder der *Organisation*?

Feedback zur Leistungsbeurteilung birgt die Gefahr verzerrter Ratings Bedenken Sie bei Ihren Überlegungen, das Feedback zur Leistungsbeurteilung einsetzen zu wollen, dass dies die Gefahr negativer Einstellungen sowohl bei Beurteilten als auch Beurteilern mit entsprechenden Folgetendenzen wie z. B. übermäßig guter Ratings erhöht (Waldman, Atwater & Antonioni, 1998, S. 88). Legen Sie die getroffene Zielvereinbarung im Sinne eines höheren Commitments aller Beteiligten schriftlich fest.

2. Schritt: *Marktüberblick verschaffen und Kompatibilität abschätzen*

Prüfen Sie die am Markt vorfindlichen Instrumente mit Blick auf Ihre eigenen Feedbackziele und Randbedingungen!

Gerade in den vergangenen drei Jahren ist ein sprunghafter Anstieg von Verfahren mit z. T. sehr unterschiedlichen Einsatzmöglichkeiten zu verzeichnen. Diese versuchen, nicht nur den angloamerikanischen Unternehmenscharakteristiken, sondern auch den speziell europäischen und deutschen gerecht zu werden.

Kompatibilität abschätzen Wenn Sie den Kreis der für Sie in Frage kommenden Feedback-Instrumente auf eine „handliche" Zahl eingegrenzt haben, dürfte Ihnen neben einem Qualitäts-Check (siehe 4. und 5. Schritt) vor allem an einem ersten *Kompatibilitäts-Check* gelegen sein. Kompatibilitäts-Check bedeutet, dass Sie durch ein Studium des zugehörigen Manuals erfahren oder prüfen können,

a) für welche *Zielsetzung* das Instrument ausgelegt ist (Entwicklung versus Leistungsbeurteilung).

b) inwieweit es mit dem in Ihrem Unternehmen gepflegten Kompetenz-Modell in Einklang steht bzw. eine willkommene Erweiterung desselben darstellt (Sarges, 2001b). Eine Schwierigkeit kann z. B. darin bestehen, dass Ihr Modell stark auf die vermutlich in der *Zukunft* wichtigen Kompetenzen ausgerichtet ist, die in Frage kommenden Instrumente jedoch lediglich die gegenwärtigen Anforderungen erfassen.

c) an welche *Zielgruppen* sich das Verfahren wendet und inwiefern ein entsprechender Einsatz erprobt ist. Die Frage der Zielgruppe betrifft nicht nur die einzuschätzenden *Kompetenzinhalte*, d. h. für welche Gruppe von Fokuspersonen welche Kompetenzen oder Verhaltensbereiche attraktiv für eine Selbst- und Fremdeinschätzung sind. Sie ist auch wichtig für die *Normierung*, die einen Vergleich von Feedback-

Ergebnissen mit einer Gruppe vergleichbarer Personen vorsieht und somit eine orientierungsstiftende Einordnung ermöglicht. Die Erfordernisse in Ihrem Unternehmen mögen etwa den Einsatz bei Führungskräften der höheren Ebene vorsehen, das Instrument ist jedoch lediglich bis zur mittleren Ebene einsetzbar (beispielsweise fehlen Kompetenzdimensionen etwa zur Strategischen Neuausrichtung von Unternehmensbereichen).

d) welche *Entwicklungsmaßnahmen* der Einsatz und die möglichen Ergebnisse des Instruments erfordern und wie diese in Ihre Human Resources Strategien eingebunden werden können. Ein Verfahren, das in einem Breitbandansatz unterschiedliche Kompetenzbereiche von Führung (kognitive, sozial-interaktive, motivationale) adressiert, benötigt andere Förderprogramme und Kapazitäten als ein Instrument, das nur einen Bereich anspricht (z. B. die Lernfähigkeit). Im ersten Fall ist ein aufeinander abgestimmtes Trainings- oder Coaching-Programm angezeigt, im zweiten könnten schon wenige Trainingsmodule erfolgversprechend sein.

3. Schritt: Die Feedback-Philosophie prüfen

Viele Feedback-Instrumente basieren auf umfangreichen, zumeist empirischen Untersuchungen zur (Karriere-)Entwicklung und zum erfolgreichen Handeln von Führungskräften. Andere Verfahren folgen in ihrer Konstruktion und den vorgegebenen Skalen ausschließlich theoretischen Annahmen und Modellvorstellungen. Und nicht selten verbinden Instrumente auch beides, nämlich eine grundständige theoretische Fundierung und eine entsprechende empirische Überprüfung derselben (Validierung). Die Erfahrung zeigt, dass es günstig ist, die unterschiedlichen Ansätze und konzeptionellen Eckpfeiler mit den in Ihrem Unternehmen gängigen Vorstellungen und Modellen von Managementhandeln zu vergleichen und so die Wahl des geeigneten Instruments vorzubereiten.

Theoretische Fundierung und empirische Bewährung prüfen

Hierzu zwei Beispiele: Der Feedback-Klassiker „Benchmarks" des *Center for Creative Leadership* (CCL; Dalton, Lombardo, McCauley, Moxley & Wachholz, 1996; siehe auch Scherm, 1999) basiert auf der (wenigstens für den US-amerikanischen Sprachraum) umfangreich untersuchten Frage, wie Führungskräfte mit kritischen beruflichen Erfahrungen umgehen und was sie daraus lernen. Der Feedback-Fragebogen selbst reflektiert die Ergebnisse der Untersuchungen, indem er im wesentlichen genau diejenigen Kompetenzen abfragt, auf denen sich die Führungskräfte *mit* vs. *ohne* gravierende Karriereprobleme als Folge mangelnder Bewältigungsfähigkeiten deutlich unterscheiden. Beispiele für entsprechend trennscharfe Kompetenzen sind „Entschlossenheit", „Umgang mit schwierigen Mitarbeitern" oder auch „Flexibilität im Handeln".

Beispiele für Feedback-Instrumente:

„Benchmarks"

Im Fall des „Profilor" von *Personnel Decisions International* (PDI; Peterson & Hicks, 1996; Schuler, in Druck) steht demgegenüber das Problem im Mittelpunkt, welche Kompetenzen für den Managementerfolg erforderlich sind und in welcher Ausprägung sie vorliegen sollten. Auf der Basis von $n = 596$ befragten Managern aus vier Ländern (Frankreich, Italien, Deutschland, USA) sind es unter anderem drei Kompetenzen, die kulturübergreifend als besonders wichtig für den Managementerfolg erachtet werden (in der Reihenfolge ihrer Bedeutsamkeit): erstens „Kundenzufriedenheit herstellen", zweitens „vertrauensvoll Handeln" und drittens „offene Kommunikation fördern".

So können Sie entscheiden: Ist Ihnen z. B. daran gelegen, Ihren Führungskräften Feedback darüber zu geben, wie sie im Vergleich zu Personen mit ähnlichen Aufgaben mit kritischen Situationen „on the job" umgehen, wäre ein Verfahren nach dem „Bauprinzip" von Benchmarks angezeigt. Sind Sie mit Blick auf die Situation in Ihrem Unternehmen eher daran interessiert, Ihren Zielpersonen einen vertieften Einblick hinsichtlich erfolgskritischer Kompetenzen zu vermitteln, wären Sie mit „Profilor" oder einem vergleichbaren Verfahren vermutlich besser bedient.

4. Schritt: Die Skalen inspizieren (Qualitäts-Check I)

Haben Sie den Aspekt der Feedback-Philosophie geprüft, so sollten Sie sich nun dem Aufbau des Feedback-Instruments im einzelnen zuwenden. Hierbei sind ohne Anspruch auf Vollständigkeit folgende Fragen zu klären:

a) *Inhaltliche Abdeckung*: Werden Ihre inhaltlichen Erwartungen hinsichtlich der behandelten *Kompetenzdimensionen* erfüllt? Prüfen Sie, ob die in Frage kommenden Instrumente auch tatsächlich die von Ihnen gewünschten Kompetenzdimensionen, Verhaltensbereiche o. ä. abdecken. Zur Orientierung kann es nützlich sein, die gewünschten Kompetenzen unter wenige Bereiche zusammenzufassen. Tendenziell breit angelegte Feedback-Systeme umfassen in der Regel drei Bereiche (vgl. hierzu auch Sarges, 2000a, S. 207 ff.):

– die Seite der *Kognition*, d. h. die analytische und konzeptionelle Fähigkeit, Probleme zu lösen;
– die Seite der *Motivation* mit ihren einzelnen Facetten des Energieniveaus, der Leistungsmotivation, der Belastbarkeit etc.;
– die Seite der *sozialen Interaktion*, d. h. die Fähigkeit, mit anderen aufgabenorientiert in Kontakt zu treten und sich je nach Situation anzupassen oder durchzusetzen.

In Zukunft dürfte neben diesen auch der Bereich der *Emotionalität* eine verstärkte Beachtung finden – im Kontext der wissenschaftlichen

Führungsforschung bislang eher stiefmütterlich behandelt (mal als Teilkomponente der Motivation, mal als Teilkomponente der sozialen Interaktion).

Also: Fehlen wichtige Kompetenzen? Werden manche Facetten mehrfach adressiert (z. B. im Bereich Motivation die „Energie" einer Person unter den Dimensionsbezeichnungen „unternehmerischer Elan" wie unter „zielführende Dynamik")? Wenn ja: Welche inhaltlich nachvollziehbaren Gründe geben die Autoren dafür an?

b) *Ausrichtung der Items*: Die Items, mit denen die einzelnen Kompetenzen erfasst werden, können unterschiedlich ausgerichtet sein. Es lassen sich mindestens drei Ausrichtungen unterscheiden (siehe auch Abschnitt 2.3):

Drei verschiedene Ausrichtungen von Items:

– die *kompetenzbezogene* Ausrichtung: das vom Beurteiler einzuholende Eindrucksurteil bezieht sich auf eine Fähigkeit oder Kompetenz der Fokusperson.
   Beispielitem aus dem Bereich Kognition: „... kann Wissen und Erfahrungen aus vertrauten Situationen auf neue Felder übertragen".
– die *persönlichkeitsbezogene* Ausrichtung: das Eindrucksurteil bezieht sich auf Eigenschaften der Fokusperson.
   Beispielitem aus dem Bereich Motivation: „... ist ehrgeizig".
– die *verhaltensbezogene* Ausrichtung: das Eindrucksurteil bezieht sich auf das beobachtbare Verhalten der Fokusperson.
   Beispielitem aus dem Bereich soziale Interaktion: „... spricht Konflikte mit Teammitgliedern offen an".

Kompetenzbezogene Itemformulierungen besitzen tendenziell ein hohes Entwicklungspotenzial für die Kandidaten. Um das Beispiel von oben aufzugreifen: Gelingt es einer Führungskraft tatsächlich, ihre Fähigkeit zu verbessern, Erfahrungen aus bekannten Situationen erfolgreich auf neue zu übertragen, so kann dies einen enormen Fortschritt für ihre berufliche Tätigkeit bedeuten. Allerdings liegt die Schwierigkeit darin, dass das Item selbst noch keine unmittelbare Antwort darauf enthält, wie diese Fähigkeit verbessert werden soll (dies wäre dann eher die Aufgabe der Auswahl geeigneter Interventionsmaßnahmen z. B. via Trainings).

Die kompetenzbezogene Ausrichtung

Ungleich größere Probleme werfen *persönlichkeitsbezogene* Itemformulierungen auf, da diese tendenziell wenig veränderbare Größen einer Person ansprechen[4]. Wenn sich eine Führungskraft beispielsweise für sehr ehrgeizig hält, ihr Umfeld dies jedoch (zutreffenderweise) gänzlich anders sieht: Wie bringen Sie ihr bei, den Anspruch an die eigene Leistung neu zu

Die persönlichkeitsbezogene Ausrichtung

---

4   Neuere Studien zu den fünf zentralen Persönlichkeitseigenschaften (engl. „traits") belegen eindrucksvoll deren Stabilität auch über große Zeitspannen. So zeigt sich gerade die für verschiedene Aspekte der beruflichen Leistung besonders wichtige Eigenschaft der „Gewissenhaftigkeit" einer Person über einen Zeitraum von mehr als 20 Jahren als bemerkenswert beständig (r = .52; Judge, Higgins, Thoresen & Barrick, 1999, S. 636).

definieren? Welche Maßnahmen sind dabei erfolgversprechend, kommen doch nicht nur die kritische Reflexion der eigenen, überzogenen (Fehl-) Einschätzung, sondern vor allem die Veränderung der eigenen Belohnungsstrukturen in Frage. Und dies dürfte, falls überhaupt von Erfolg gekrönt, einige Zeit in Anspruch nehmen.

Die verhaltensbezogene Ausrichtung

Gerade für die Frage der Bildung des Eindrucksurteils (siehe Abschnitt 2.4) stellt die *verhaltensbezogene* Formulierung von Items eine große Erleichterung dar. Wenn eine Führungskraft Konflikte in Teams offen anspricht, ist dies für ihr Umfeld sicht- und beobachtbar. Damit erhöht sich die Wahrscheinlichkeit einer relativ übereinstimmenden (d. h. reliablen) Beurteilung durch die Feedbackgeber – vorausgesetzt, diese haben in etwa die gleiche Chance, das Verhalten überhaupt beobachten zu können. Tendenziell negative Fremdeinschätzungen besitzen instruktiven Charakter. Die Führungskraft sollte sich aus ihrer eher konfliktmeidenden zu einer aktiven Haltung hinentwickeln, nämlich die Konfliktpartner bei offenkundigen Reibungsverlusten und atmosphärischen Spannungen schneller anzusprechen. (Allein so einfach, wie es manche gutgemeinte Ratgeber formulieren, ist eine Entwicklung sicher auch hier nicht zu realisieren. Denn individuelle Strategien der Konfliktbewältigung dürften wiederum im Zusammenhang mit relativ schwer entwickelbaren Persönlichkeitseigenschaften wie z.B. der Extraversion stehen.)

5. Schritt: Die Gütekriterien des Verfahrens prüfen (Qualitäts-Check II)

Ein wichtiges Entscheidungsfeld für oder gegen ein spezielles Feedback-Instrument betrifft seine Qualität gemessen an in der psychologischen Test- und Fragebogenforschung klassischen Standards, den sogenannten *Gütekriterien*. Entsprechende Ausführungen und Hinweise dürfen und sollten Sie von der dem Feedbackmaterial unbedingt beiliegenden Handanweisung oder dem Manual erwarten. Für den nicht psychometrisch geschulten Entscheider lesen sich die Angaben oft wenig nutzerfreundlich und übermäßig technisch, zutreffend eingeordnet stellen sie jedoch eine fast unverzichtbare Hilfestellung bei der Auswahl dar.

Die für 360°-Feedbacks wichtigen Gütekriterien sind die *Reliabilität* und die *Validität* eines Instruments (vgl. Van Velsor, Leslie & Fleenor, 1997, S. 9 ff.; für eine allgemeinere Darstellung eignet sich Fisseni, 1990, S. 56 ff.).

• *Reliabilität*

Wie reliabel ist das Feedback-Instrument?

Nicht nur für psychologische Leistungs- und Persönlichkeitstests, sondern auch für Feedbackverfahren ist die Reliabilität eminent wichtig. Reliabilität eines Verfahrens wie hier zur Erfassung von Feedback-Urteilen bedeutet, dass …

64

– es die abgefragten Kompetenzen zuverlässig und kompakt abbildet; d. h. die einzelnen Items und Verhaltensbeschreibungen, die eine Kompetenz erfassen sollen, indizieren diese tatsächlich in homogener Weise und werden von den Beurteilern alle in gleicher Weise beantwortet (*innere Konsistenz*);
– Feedbackgeber innerhalb derselben Beurteilergruppen (z. B. der Gruppe der Vorgesetzten oder Kollegen) zu übereinstimmenden Urteilen etwa bezüglich der gleichen Fokusperson gelangen (*Interrater-Reliabilität*);
– eine spätere Feedbackrunde unter nahezu gleichen Bedingungen zu gleichen Einschätzungen führt (*Retest-Reliabilität*).

Innere Konsistenz

Für das Reliabilitätsmaß der inneren Konsistenz gilt ein Richtwert von ≥ 0.70 (Cronbach's α; vgl. Guion, 1998, S. 244 f.). Verfahren, deren Kompetenzskalen diesen Wert mehrheitlich unterschreiten, befinden sich entweder noch in der Pilotierungsphase oder erfordern eine kritisch-distanzierte Einschätzung.

Interrater-Reliabilität

Besondere Aufmerksamkeit sollte die Interrater-Reliabilität genießen, die als bivariater Korrelationskoeffizient oder als Intraclass-Korrelationskoeffizient (per Cronbach's α) ausgewiesen wird. Viswesvaran, Ones und Schmidt geben auf Basis einer umfangreichen Metaanalyse die über neun Beurteilungsdimensionen gemittelte durchschnittliche Interrater-Reliabilität von Vorgesetztenurteilen mit .53, die über sechs Beurteilungsdimensionen gemittelte Interrater-Reliabilität von Kollegenurteilen mit .42 an (1996, S. 563 f.; bei den angegebenen Werten handelt es sich um mittlere Korrelationskoeffizienten). Diese Werte können als empirisch fundierte Vergleichswerte für die Einordnung eigener Feedback-Reliabilitäten betrachtet werden.

Ursachen niedriger Interrater-Reliabilität

Für den Fall wenig übereinstimmender Urteile, d. h. einer niedrigen Reliabilität zwischen Feedbackgebern, sind verschiedene Ursachen zu diskutieren. Zum einen kann es vorkommen, dass Beurteiler bei der Vergabe ihrer Einschätzungen schlicht unkonzentriert sind oder sich trotz intensiven Bemühens an wichtige Verhaltensereignisse nicht mehr erinnern können. Zum anderen können spezifische Effekte auftreten, die die Interaktion eines einzelnen Beurteilers mit bestimmten Fragen oder mit der Erfassung einer Kompetenz insgesamt betreffen. So kann beispielsweise jemand die Einschätzung auf der Kompetenzdimension „Fähigkeit zur Teambildung" unter Umständen nur widerwillig vornehmen, weil er diese Kompetenz für die zu beurteilende Funktion als wenig relevant betrachtet. Dadurch können seine Einschätzungen Verzerrungen unterliegen (die im Übrigen auch die innere Konsistenz der zugrundeliegenden Skala beeinträchtigen). Die genannten Umstände werden in der Terminologie der psychologischen Messtheorie unter dem Begriff der *Messfehler* zusammengefasst. Systematische und zufallsbedingte Messfehler verhindern im Fall des 360°-Feedback (aber auch im Zusammenhang mit der Leistungsbeurteilung) die akkurate Erfassung der „wahren Werte" des Verhaltens und der Kompetenzen.

In diagnostischer Hinsicht aufschlussreich ist der Fall, bei dem die Inter-rater-Reliabilität des Feedback über *unterschiedliche* Perspektivgruppen hinweg (Vorgesetzte, Kollegen, Mitarbeiter*) niedrig*, innerhalb dieser Gruppen jedoch *hoch* ausfällt. Unter dieser Konstellation können die unterschiedlichen Feedbackurteile die „wahren", von Messfehlern weitgehend freien Werte näherungsweise abbilden. Eine plausible Erklärung besteht darin, dass sich die Fokusperson hierarchisch unterschiedlichen Bezugspersonen gegenüber möglicherweise verschieden verhält und diese sich, da sie über abweichende Verhaltensstichproben verfügen, entsprechend unterschiedliche Eindrucksurteile bilden.

Retest-Reliabilität

Das Kriterium der Retest-Reliabilität wird gleichfalls über Korrelationskoeffizienten abgebildet und ist im Zusammenhang mit 360°-Feedbacks nur schwer zu realisieren bzw. gar nicht anvisiert. Denn es ist ja gerade das programmatische Ziel von Feedbackverfahren, die persönliche Entwicklung in Richtung eines Kompetenzzuwachses voranzutreiben – und dies sollte sich bei eingetretener Entwicklung auch in den Feedbackergebnissen niederschlagen (solange noch kein Deckeneffekt erreicht ist). Ein Forschungsleiter in einem Pharmaunternehmen beispielsweise, der drei Jahre nach der ersten Feedbackrunde deutlich mehr Substanzen als zum ersten Zeitpunkt in die Phase der klinischen Prüfung geben kann, sollte sich auf der Kompetenzdimension „effektive Steuerung von Projekten" im Urteil von Vorgesetzten und Kollegen verbessert zeigen – und gerade nicht gleich eingeschätzt werden.

• *Validität*

Wie valide ist das Feedback-Instrument?

Wichtiger noch als die Frage nach der Reliabilität ist die nach der Validität eines Feedback-Instruments und seiner Kompetenzskalen. Im Kern bezeichnet die Validität eines Verfahrens den Umstand, dass es das misst, was es messen soll. Die drei wichtigsten Validitätsarten in diesem Zusammenhang sind
 – die Inhaltsvalidität,
 – die Konstruktvalidität und
 – die Vorhersagevalidität.

Inhalts-Validität

Die *Inhaltsvalidität* bezeichnet im Zusammenhang mit Feedback-Verfahren die Forderung, dass die jeweils zu erfassenden Kompetenzen durch die einzelnen Items hinreichend präzise definiert werden. Die Konstrukt- und auch die Vorhersagevalidität werden über Korrelationskoeffizienten bestimmt. Da diese Validitätsarten für Entscheidungen für oder gegen in die nähere Wahl gezogene 360°-Feedback-Instrumente besonders wichtig sind, sollen sie hier etwas ausführlicher besprochen werden.

Konstrukt-Validität

Zur *Konstruktvalidität*: Als Konstrukt bezeichnet man einen nicht direkt beobachtbaren, lediglich über Indikatoren erfassbaren theoretisch fundierten Themenbereich. Als Beispiel möge das in 360°-Feedbacks in verschie-

66

denen Spielarten anzutreffende Konstrukt des *Selbstmanagements* dienen. Diese Fähigkeit, sich selbst unter verschiedenen beruflichen Bedingungen im Sinne der gestellten Aufgaben organisieren und steuern zu können, erschließt sich nicht durch einfaches Beobachten.

Wohl aber lassen sich über ein Feedback-Instrument verschiedene, mehr oder weniger gut beobachtbare Verhaltenselemente einschätzen (z. B. „teilt sich ihre/seine Kräfte so ein, dass sie/er den Aufgaben und sich selbst gerecht wird" oder „handelt im Bewusstsein der eigenen Stärken und Schwächen"). Diese einzelnen Einschätzungen werden anschließend über zumeist einfache Rechenprozeduren zur übergreifenden Kompetenzskala „Selbstmanagement" zusammengefasst. Die Validierung gilt u. a. dann als erfolgreich, wenn die Ergebnisse, die man mit dieser Skala erhält, mit anderen Messergebnissen zum gleichen Konstrukt (erhoben z. B. mit einem anderen Fragebogen) übereinstimmen.

Hinsichtlich der Konstruktvalidität darf man einen entsprechenden Nachweis z. B. über faktorenanalytische Untersuchungen erwarten, die inhaltlich verschiedene Kompetenzen auch unter verschiedene Faktoren ordnen sollten.

Zur *Vorhersagevalidität*: Unter der Vorhersagevalidität eines 360°-Instruments verstehen wir die Möglichkeit, mithilfe seiner Ergebnisse die zukünftige berufliche Entwicklung einer Fokusperson *vorhersagen* zu können. Die rechnerische Basis hierfür liefern Korrelationen zwischen den einzelnen Kompetenzskalen einerseits und zukünftigen beruflichen (Erfolgs-)Kriterien andererseits, wie etwa der Aufstieg in der Hierarchie, die Zahl der geführten Mitarbeiter, erzielte Umsätze etc. D. h. man erhebt zunächst die Daten zum 360°-Feedback und zu einem späteren Zeitpunkt diejenigen zum jeweiligen beruflichen Kriterium. Dabei gilt es nachzuweisen, dass ein Personenkreis, der im Feedback hohe Kompetenzeinschätzungen erhält (gemessen über das Fremdbild) auch tatsächlich entsprechende berufliche Leistungen zeigt. Stünden die Ergebnisse der Kompetenzeinschätzungen in keinem Zusammenhang mit der beruflichen Leistung, wäre ihr Wert sowohl für die Personalentwicklung als auch für weitergehende Personalentscheidungen zweifelhaft.

[margin: Vorhersagevalidität]

Nachweise der Vorhersagevalidität stellen nicht nur im Bereich des 360°-Feedback einen empfindlichen Engpass dar. Als umso attraktiver sind solche Verfahren einzustufen, für die entsprechende Korrelationsstudien berichtet werden können. Im Sinne einer Faustregel gelten Korrelationen mit r ≥ .30 als ernstzunehmende Hinweise einer Vorhersagevalidität.

[margin: Faustregel für Vorhersagevalidität]

6. Schritt: Präsentation der Ergebnisdarstellung prüfen

Der Ergebnisbericht bereitet die sich aus der Selbst- und Fremdeinschätzung ergebenden wesentlichen Informationen für die Fokusperson auf. Ohne Anspruch auf Vollständigkeit benennt Tabelle 7 diejenigen Punkte sowie Spezifikationen, die ein Bericht berücksichtigen sollte.

67

Tabelle 7:

Inhalte und Spezifikationen des Ergebnisberichts

Berichtselement	Beschreibung/Funktion
1. Ergebnisse auf Basis der einzelnen Kompetenzen, Fähigkeiten oder Verhaltensbereiche	− Darstellung sowohl grafisch in Form von Profilen oder Säulendiagrammen als auch numerisch − der Übersichtlichkeit und kommunikativen Wirkung auf den Feedbackgeber wegen sollten Profil-Darstellungen (Liniendiagramme) nicht mehr als drei Beurteilergruppen (z. B. Selbst vs. Vorgesetzte vs. Mitarbeiter) berücksichtigen − Mittelwerte sollten extra für die verschiedenen Beurteilergruppen im Anhang ausgewiesen werden
2. Unterschiede Selbst- vs. Fremdeinschätzung	− es sollten diejenigen Kompetenzen oder Verhaltensbereiche hervorgehoben werden, bei denen weitgehende Übereinstimmung *zwischen* Selbst- und Fremdeinschätzungen bzw. große Abweichungen bestehen; die größten Übereinstimmungen oder Abweichungen sollten auch für einzelne Items angegeben werden; Übereinstimmungen und Abweichungen werden für die Feedbackgeber-Gruppen getrennt ausgewiesen − Kompetenzen, bei denen relativ große Abweichungen *innerhalb* einzelner Feedbackgeber-Gruppen auftreten, sollten gleichfalls markiert und aus einem Coaching- oder Entwicklungsplan zunächst ausgeklammert werden
3. Stärken-/Schwächenanalyse	Wo liegen besondere Stärken? Welche Bereiche sind nach dem Urteil der Feedbackgeber entwicklungsbedürftig?
4. Vergleich mit Normstichproben	− der Vergleich mit anderen Fokuspersonen liefert eine zusätzliche Orientierungshilfe und kann wichtige Reflexionsprozesse initiieren („Wo stehe ich?", „Was zeichnet mich anderen gegenüber aus?" etc.); − Normen können sich auf das Geschlecht, verschiedene Industriezweige und Organisationsformen, auf unterschiedliche Kulturen usw. beziehen − die Norm- oder Vergleichsstichprobe sollte im Feedback-Manual beschrieben werden: sind Funktion, Position etc. von Fokusperson und Normstichprobe vergleichbar? − da auch Kompetenzanforderungen in Unternehmen einem stetigen Wandel ausgesetzt sind, sollten die entsprechenden Normwerte regelmäßig angepasst bzw. auf den neuesten Stand gebracht werden
5. Anforderungs- und Sollprofile	Sollprofile bilden die im Unternehmen geforderten Standards ab; es erleichtert den Fokuspersonen die Einordnung ihrer Feedback-Ergebnisse, wenn sie diese in Relation zu den Anforderungen setzen können; um die Rezeption der Ergebnisse nicht unnötig zu erschweren, sollte sich das Anforderungsprofil auf das durchschnittliche Urteil über alle Feedbackgeber beziehen und nicht nach den verschiedenen Gruppen getrennt werden

6. Reliabilitätscheck der Urteile der Feedbackgeber	Der Bericht sollte ggf. ausweisen, falls – die Feedbackgeber der verschiedenen Gruppen in ihrer Einschätzung in hohem Maße voneinander abweichen (s. o.) bzw. – die Einschätzungen einzelner Feedbackgeber ausgeschlossen werden mussten, weil diese nachprüfbar invaliden Urteilsmustern (z. B. stereotypen Antworttendenzen) folgen oder viele Fragen ausgelassen wurden.

Zusammenfassung: Auswahl von Feedbackverfahren

1. Schritt

Ziele des Feedbacks klären: Soll es primär der Kompetenzentwicklung oder der Leistungsbeurteilung dienen?

2. Schritt

Marktüberblick verschaffen und Kompatibilität mit den eigenen Erfordernissen, Kompetenzmodellen etc. checken

3. Schritt

Die Feedback-Philosophie prüfen: Welches Modell der Führungskräfte-Entwicklung liegt dem Feedbackinstrument zugrunde? Ist es hinreichend empirisch überprüft?

4. Schritt

Skalen inspizieren (Qualitäts-Check I): Sind die erfassten Kompetenzen mit den eigenen Anforderungsprofilen kompatibel? Gestatten die Iteminhalte eine hinreichende Beobachtbarkeit des fraglichen Verhaltens?

5. Schritt

Die Gütekriterien des Verfahrens prüfen (Qualitäts-Check II): Werden die Kompetenzdimensionen zuverlässig erfasst (Reliabilität)? Korrespondieren die (Fremd-)Einschätzungen auf diesen Kompetenzdimensionen mit in der Realität prüfbaren Leistungs- oder anderen relevanten Kriterien (Validität)?

6. Schritt

Entspricht die schriftliche Präsentation der Ergebnisdarstellung den geforderten Standards? Werden die Differenzen zwischen Selbst- und Fremdbild akkurat dargestellt? Ist ein Vergleich zur Normstichprobe vorgesehen?

4.2 Fragen und Probleme im Feedback-Prozess

Im Zusammenhang mit der Implementierung und Durchführung von Feedback-Systemen und -prozessen können vielfältige Probleme auftreten. Die folgende Darstellung konzentriert sich auf zwei Ursachenbereiche, die immer wieder Anlass zu Fragen und Problemen geben: Erstens die Seite der Implementierung von Feedback-Projekten und zweitens die Seite schwieriger Feedbackempfänger.

4.2.1 Probleme bei der Implementierung

Bei der Implementierung von Feedback-Systemen können sich eine Reihe von Problemen stellen. Diese ergeben sich eher auf der Ebene der Organisation und weniger auf der Ebene einzelner Akteure (vgl. auch Waldman & Atwater, 2001, S. 464 ff.):

- *Die Philosophie des Feedback passt nicht zu dem im Unternehmen praktizierten Anreiz- und Belohnungssystem*

Das 360°-Feedback ist im Rahmen von Change Management Prozessen vor allem auch ein Instrument, das Aufschluss über die Qualität von Beziehungen liefert. In der Absicht, diese Beziehungsqualität zu verbessern, dient das Feedback letztlich vor allem auch der Ergebnisverbesserung von Teams.

Belohnt die Anreizkultur Entwicklungsbemühungen? Wenn die Anreizkultur und ihre entsprechenden Systeme der Vergütung und der Beförderung die damit verbundenen individuellen Anstrengungen nicht belohnt, läuft jede Feedbackstrategie Gefahr, schon in ihrer Planungsphase zu scheitern. Denn es macht unter diesen Bedingungen keinen Unterschied, sich einer womöglich nicht nur gute Nachrichten bereithaltenden, aufwendigen Befragung zu unterziehen. Und viele auch einflussreiche Führungskräfte werden sich dann zu Recht gegen die Implementierung eines Feedback-Systems aussprechen.

- *Die Erfahrung mit Change Programmen ist negativ*

In den vergangenen Jahren haben viele Unternehmen ehrgeizige Programme des Total Quality Managements und der Führungskräfteentwicklung zur Verbesserung ihrer Wettbewerbsfähigkeit durchgeführt. Und man darf wohl behaupten, dass diese Initiativen vielerorts durchaus erfolgreich waren.

Wie sind die Erfahrungen mit Change Programmen? Dort allerdings, wo die gewünschten Effekte nicht eingetreten sind, hat sich vielfach eine gehörige Portion Skepsis, nicht selten sogar Zynismus all dem gegenüber breit gemacht, was dem Etikett nach „Change …", „Top performance …" oder ähnlich heißt. Dies gilt auch für Management-Audits, bei denen die Beteiligten mehr oder weniger aufwendig befragt wurden, dann jedoch feststellen mussten, dass dem Ganzen keine Konsequenzen

70

folgten. Organisationen haben in dieser Hinsicht ein vergleichsweise gutes Gedächtnis. Man wird unter diesen Bedingungen erwarten dürfen, dass Führungskräfte einer 360°-Initiative im Sinne des Watzlawickschen „mehr vom Selben" begegnen. Um hier Vertrauen in die Ergebnisfähigkeit von Programmen zurückzugewinnen, sind die Verantwortlichen gut beraten, schon in der Planungsphase deutlich zu machen,

– welcher Effekt mit der Implementierung eines Feedback-Systems angestrebt wird und
– welche Entscheidungen davon gegebenenfalls abhängen.

Und sie tun gut daran, diesen Ankündigungen auch Taten folgen zu lassen …

- *Feedbacks werden in Phasen großer Unternehmensveränderungen platziert*

Nicht selten kommt es vor, dass Unternehmen Feedback-Projekte planen und durchführen, während sie sich zugleich in einer Phase der Restrukturierung oder des Wandels befinden. Werden Feedbackprojekte mit einschneidenden Veränderungsmaßnahmen, z. B. im Zuge von Fusionen oder Mergers verknüpft, so versprechen sich die Verantwortlichen den Nutzen einer umfassenden Standortbestimmung: Sie möchten Aufschluss über den Leistungsstand ihrer Führungskräfte und darüber erhalten, wer für welche (zukünftigen, schwierigen) Aufgaben am besten geeignet ist (*Management-Audits*). In diesem Zusammenhang ist mit folgenden Problemen zu rechnen:

– Da die potenziellen *Feedbackempfänger* mit Aufgaben und Schwierigkeiten des Veränderungsprozesses ohnehin stark beansprucht sind, empfinden viele von ihnen die Einführung eines 360°-Feedback als zusätzliche Belastung und gegebenenfalls als Bedrohung. Zudem ist ihre Stimmung meist von großer Unsicherheit geprägt. Nicht wenige tragen sich womöglich mit dem Gedanken, in ein anderes Unternehmen zu wechseln. Es empfiehlt sich daher seitens der Personalverantwortlichen, möglichst klar zu kommunizieren, welchen Einfluss die Feedbackergebnisse auf die künftige Personalpolitik haben werden. Dies setzt entsprechende klare Vorgaben der Geschäftsleitung voraus. Zudem sollte jede Fokusperson unbedingt darüber informiert werden, welche Unterstützungsmaßnahmen das Unternehmen für eine nachhaltige Kompetenzentwicklung vorhält.

Klärung des Effektes von Feedback-Projekten auf die Personal-Politik

– Ein erheblicher Prozentsatz der *Feedbackgeber* ihrerseits verhält sich bei der Vergabe ihrer Feedback-Urteile defensiv, weil sie um die Bedeutung des Feedbacks wissen und „niemandem schaden" wollen. Vorsichtige Schätzungen gehen dahin anzunehmen, dass rund ein Drittel der Feedbackgeber ihre Einschätzungen am Bedrohungscharakter des Feedbacks ausrichten und entsprechend milde urteilen (London & Smither, 1995). Um dem Missstand wenig valider Urteile vorzubeugen,

Beurteiler trainieren

71

bieten sich Ratertrainings an, die beispielsweise der Gefahr von Milde- und sogenannten Überstrahlungseffekten (Tendenz, das Vorliegen einer hohen oder niedrigen Ausprägung eines Merkmals ungeprüft auch auf andere Merkmale zu übertragen) bei der Beurteilung entgegentreten.

• *Es stehen administrative Hürden entgegen*

Administrative Hürden: Die Einführung eines Feedback-Systems erfordert die Bereitstellung umfangreicher Ressourcen und Kapazitäten. Folgende Bedarfe werden in den Unternehmen kritisch gesehen:

Personalbedarf – *„Der Personalbedarf übersteigt die Kapazitäten"*: Für den Prozess der gesamten Projekt-Abwicklung bedarf es einer Stelle im Personalmanagement, die über einen relativ langen Zeitraum zeitlich stark gebunden wird.

Zeitbedarf – *„Der Zeitbedarf überfordert die Beteiligten"*: In der Phase der Feedbackerhebung sind besonders die Feedbackgeber, in der Phase der Rückmeldung und danach besonders die Feedbacknehmer gefordert. Den Zeitbedarf für die Feedbackerhebung illustriert das folgende kleine Rechenbeispiel: Ausgehend von einem Zeitbedarf von 20 Minuten für das Ausfüllen eines Feedback-Fragebogens und 10 Feedbacks (1 Selbstbild, 2 Vorgesetzte, 3 Kollegen, 4 Mitarbeiter) ergibt sich bei insgesamt 50 Fokuspersonen ein Zeitansatz von gesamt rund 17 Arbeitstagen (von jeweils 10 Stunden). Aus dieser Rechnung wird auch deutlich, wie wichtig es ist, ein kompaktes und zeitschonendes Feedback-Verfahren zu wählen (*Empfehlung*: nicht mehr als 16 Kompetenzdimensionen und insgesamt 60–80 Items). Der Zeitansatz je Fokusperson beträgt ca. 1–1,5 Tage (2 Stunden Kick-off-Workshop, 20 Minuten Feedbackversion „Selbstbild" ausfüllen, 1 Rückmeldesitzung à 2 Stunden, evtl. 2 Stunden Ergebnisdiskussion mit den Feedbackgebern, sowie innerhalb eines halben Jahres 2 nachfolgende Coachings à 2 Stunden).

Ressourcenbedarf – *„Die vorhandenen Hardware-Ressourcen reichen nicht aus"*: Bei einer Papier-Bleistift-Administration des Feedback-Projekts ist mit erheblichem Postumfang zu rechnen (ein- und ausgehende Feedback-Bögen). Bei einem Online-Feedback fallen erhebliche Kosten für Anschaffung und Pflege der Software-Systeme an.

4.2.2 Schwierige Feedbackempfänger

Die überwiegende Mehrzahl der Feedback-Empfänger ist an ihren Feedback-Ergebnissen interessiert und zeigt eine grundsätzliche Veränderungsbereitschaft. Für die kleine Gruppe weniger aufgeschlossener Feedbackempfänger bestehen zunächst drei eher *mikropolitische* oder *situationsgebundene* Gründe:

72

- Sie waren gegen die Einführung des Feedbacks, konnten sich aber mit ihrer Auffassung nicht durchsetzen („Das ist die Party von Herrn XY, nicht meine").
- Sie fühlen sich zeitlich überlastet, so dass ihnen die Einführung des Feedbacks ungelegen kommt („Wo soll ich die dafür nötige Zeit hernehmen?").
- Sie halten den Zeitpunkt für ungünstig, weil das Klima in ihrem Arbeitsbereich massiv beeinträchtigt ist oder weil sie sich mitten in einer Umstrukturierungsphase befinden („Wissen Sie, wir kämpfen hier mit ganz anderen Dingen!").

Einwände gegen Feedback-Projekte

Unabhängig von diesen Gründen gestalten sich Feedback-Gespräche oft genug problematisch, weil man es mit schwierigen Persönlichkeiten zu tun hat. Wir unterscheiden dabei im Sinne einer vorläufigen, psychodynamisch orientierten Heuristik zwei verschiedene Typen von Personen, deren wesentliche Merkmale zur Veranschaulichung bewusst etwas holzschnittartig gefasst sind:

a) *Der defensive Typ*

Feedback-Empfänger diesen Typs zeigen sich im Feedbackgespräch zurückhaltend bis schweigsam, nehmen wenig Kontakt zum Feedback-Coach auf und zeigen sich emotional eher spröde bis gehemmt. Ihr bevorzugter Interaktionsstil ist der des „moving away from others", d.h. des „Sich-von-anderen-Entfernens" und „Auf-sich-selbst-Beziehens" (Horney nach Frager, 1994, S.99ff.). Defensive Personen neigen zur Unterschätzung ihrer Kompetenzen. Sie werden jedoch von anderen auch nicht sehr hoch eingeschätzt, weil sie auf diese wenig zugänglich wirken und dieses Merkmal die Kompetenzurteile oft insgesamt negativ überstrahlt.

Defensive Feedback-Empfänger

Sie stehen Feedback-Prozessen mit einer großen Portion Skepsis gegenüber und sorgen diesbezüglich im Unternehmen eher für ein negatives Marketing. Angesprochen auf Unterschiede zwischen ihrem Selbstbild und dem Bild, das andere sich von ihnen gemacht haben, verhalten sie sich eher abwehrend. Auf die Frage beispielsweise, wie sie sich die Unterschiede zwischen Selbst- und Fremdbild erklären, erhält man häufig eine Antwort wie diese: „Ich will da nicht groß mutmaßen. Da müssen Sie meine Kollegen schon selbst fragen."

Bevorzugter Abwehrmechanismus: Der defensive Typ neigt dazu, eigene emotionale Anteile entweder nicht verorten zu können oder zu leugnen. Sein bevorzugter Abwehrmechanismus zur Aufrechterhaltung der eigenen Selbstwertschätzung ist die *Rationalisierung*. Er sucht und findet logische Erklärungen für Ereignisse, die bei anderen v. a. gefühlsbetonte Reaktionen hervorrufen. Konflikte mit Mitarbeitern und Kollegen werden auf der sachlichen Ebene initiiert und ausgetragen, nicht jedoch auf der zwischenmenschlichen.

Abwehrmechanismus des defensiven Typs

73

Copingstrategie: Der Umgang mit defensiven Personen im Feedback-Gespräch ist schwierig, weil der Coach nicht abschätzen kann, inwieweit die Feedback-Ergebnisse den Empfänger auch tatsächlich erreichen. Um den Kontakt zum Feedback-Empfänger zu verbessern, ist es vorteilhaft, den Gesprächsfluss zu verbessern. Dies lässt sich u. a. dadurch erreichen, dass der Coach offene Fragen stellt, z. B.: „Wie stellt sich das Verhältnis zu Ihren Kollegen aus Ihrer Warte dar?" Gelegentlich wird man jedoch auch feststellen, dass eine defensive Person stärker auf Signale der Bedrohung als auf Anregungen zur Selbsteinsicht reagiert. Schneidet sie beispielsweise auf der Dimension „Zusammenarbeit und Kooperation" schlecht ab, so mag folgender Hinweis in Frageform extrinsisch motivieren: „Was würden Sie als Vorgesetzter tun, wenn Sie den Eindruck hätten, dass sich eine Ihrer Führungskräfte nur mit halber Kraft für die gemeinsamen Ziele einsetzt?"

b) *Der aggressive Typ (vgl. auch Oldham & Morris, 1995, S. 345 ff.)*

Feedback-Empfänger diesen Typs zeigen sich in der Regel selbstbewusst und angstfrei. Kontaktorientiert und energiereich, wirken sie jedoch durch ihre vehemente und konfrontative Art im Verhältnis zu anderen oft

unverträglich. Ihr bevorzugter Interaktionsstil ist der „against others", d. h. des „Sich-in-Konkurrenz-Begebens" verbunden mit dem Bedürfnis, über anderen zu stehen bzw. diese zu kontrollieren (Horney nach Frager, 1994, S. 96 ff.). Sie sind extrem erfolgsorientiert und beurteilen Situationen wie Personen tendenziell nach Nützlichkeitserwägungen.

Auch im Feedbackgespräch sind sie offensiv und stellen ihren Gesprächspartner gern mit unangenehmen Fragen oder provozierenden Urteilen auf die Probe. Sie treten dominant auf, versuchen den Gesprächsverlauf in ihrem Sinne zu beeinflussen und signalisieren dabei beständig ihren Anspruch, als „Alpha-Tier" wahrgenommen zu werden. Sie sind schwierig, weil sie zum einen die Kompetenz des Feedback-Coachs in Frage stellen und zum anderen dazu neigen, die Einschätzungen ihrer Umgebung herabzuwürdigen. Häufig finden sich unter ihnen Personen, die ihre Kompetenzen überschätzen. Dies zeigt sich vor allem auf Kompetenzdimensionen, die den Umgang mit anderen oder weiche Kompetenzen wie „Freundlichkeit" oder „Einfühlungsvermögen" betreffen, bei denen sie im Urteil ihrer Umgebung meist niedrige Werte erhalten. Sich gegen Deutungsmuster sperrend, die nicht ihren Vorstellungen entsprechen, negieren sie zunächst den Wert des Feedbacks.

Bevorzugter Abwehrmechanismus: Der aggressive Typ neigt in der Regel unwillentlich dazu, der vermeintlichen Bedrohung des eigenen Selbstkonzepts durch einen entsprechenden Gegenangriff zu begegnen. Auf der Seite der Psychodynamik dient dieser Mechanismus dazu, für sich selbst ein Gefühl der Kontrolle über die Situation und vermeintliche Gegner aufrechtzuerhalten. Erster Adressat eines Gegenangriffs ist zu-

74

nächst der Feedback-Coach (womöglich als Überbringer schlechter Nachrichten), im weiteren sind dies die Feedbackgeber. Im Feedback-Gespräch wird man dementsprechend feststellen können, dass sie widrigen Umständen oder schlicht den „anderen" die Schuld für niedrige Einschätzungen geben („externale Attribution"). Insofern zeigen sich hier Überschneidungen zum defensiven Typ.

Copingmechanismus: Im Umgang mit aggressiven Personen sollte man einige Regeln beherzigen. 1. Regel: Halten Sie sich unbedingt an das zuvor vereinbarte Prozedere, um keine eigene Angriffsfläche zu bieten. **Coping-strategie** 2. Regel: Sie sollten während der Präsentation der Feedbackergebnisse unbedingt vermeiden, dass bei Ihrem Gegenüber der Eindruck entsteht, er könne sein Gesicht verlieren. Einen Gesichtsverlust im Sinne einer narzistischen Kränkung, etwa verursacht durch den Eindruck einer Selbstüberschätzung auf verschiedenen, wichtigen Kompetenzdimensionen, würde er nicht nur Ihnen als Coach nicht verzeihen, sondern dies würde auch seine Veränderungsmotivation blockieren.

Wenn Sie seinen Veränderungswunsch zusätzlich stimulieren wollen, appellieren Sie an seinen Verstand (und nicht an seine Emotionen), denn er denkt zuerst an seine Aufgaben (und erst in zweiter Linie an die eigenen Gefühle oder die anderer – ohne dass dies als besonderer Ausdruck von Rohheit zu gelten hätte). Ist sie oder er jemand, die/der bei anderen durch ihre/seine forsche, drängende Art Reaktanz und Motivationsverluste sät, so versuchen Sie sie oder ihn davon zu überzeugen, dass es vorteilhafter ist, die anderen pfleglich zu behandeln, d. h. ihnen hin und wieder die „lange Leine" zu lassen.

5 Fallbeispiele

Die folgenden Fallbeispiele dienen der Veranschaulichung möglicher Feedbackkonstellationen. Es handelt sich um reale Fälle aus der Praxis. Um jeweils die Anonymität der Personen zu wahren, wurden die tatsächlichen Kompetenzprofile in Teilen abgeändert, ohne dabei die „Dramaturgie" vor allem des Selbstbild-Fremdbild-Abgleichs aufzugeben.

5.1 Abteilungsleiter Controlling eines Konsumgüter-Unternehmens

Das Feedback für den nachfolgend dargestellten Fall bezieht sich auf die Person eines Abteilungsleiters für Controlling (im folgenden „Herr Control").

Das in Abbildung 7 wiedergegebene Profil basiert auf Beurteilungen mit dem Feedbackinventar „Benchmarks" des amerikanischen *Center for Creative Leadership* (CCL; Dalton et al., 1996). Das Profil berücksichtigt eine Auswahl von sieben der 16 durch Benchmarks standardmäßig vorgegebenen Kompetenzdimensionen. Das Feedback für Herrn Control bezieht sich neben der Selbsteinschätzung auf zwei Vorgesetztenurteile und sechs Mitarbeiterurteile (die ebenfalls erhobenen vier Kollegenurteile sind aus Gründen der Übersichtlichkeit nicht dargestellt). Die durch die schwarze Linie kenntlich gemachten mittleren Kompetenzurteile der Normstichprobe basieren auf allen für deutsche Stichproben vorliegende Selbst- und Fremdeinschätzungen.

Herr Control schreibt sich selbst auf sechs der sieben Kompetenzdimensionen im Vergleich zur Normstichprobe deutlich geringere Ausprägungen zu (Ausnahme: Lernfähigkeit). Die Abweichungen nach unten liegen im Bereich einer Standardabweichung (die Standardabweichungen für die berücksichtigten Kompetenzen liegen laut Benchmarks-Handanweisung zwischen .52 und .75). Die größten Differenzen zeigen sich auf den „weichen" Dimensionen „Mitarbeiterführung" und „Entwicklungsklima schaffen".

Fallbeispiel für Typ ↓

Der Profilvergleich des Selbstbildes mit den Vorgesetzten- und Mitarbeiterurteilen weist Herrn Control als Vertreter des Typs ↓ („Unterschätzer") aus: Aus der Sicht seiner Umgebung verfügt er in fast allen Bereichen über höhere Kompetenzen als er sich selbst zuschreibt. Die beiden Vorgesetzten schätzen ihn im Vergleich zur deutschen Normstichprobe sogar auf fünf Dimensionen höher ein.

Die Fremdurteile gelangen bezüglich der „Entschlossenheit" des Kandidaten, d. h. der Fähigkeit und Bereitschaft, mit Problemen offensiv umzugehen und wichtige Entscheidungen zügig zu treffen, zu annähernd übereinstimmenden, positiven Ergebnissen. „Entschlossenheit" dürfte demnach ebenso zu einer *Stärke* von Herrn Control gehören wie seine „Lernfähigkeit", d. h. bei Erfahrungen und Ereignissen die wesentlichen informativen Konstellationen zu erkennen und die gewonnenen Einsichten zukünftig im Sinne eines höheren Aufgabenerfolgs einzusetzen.

Übereinstimmende Einschätzungen liegen auch hinsichtlich der Fähigkeit vor, ein motivationsförderliches „Entwicklungsklima" zu schaffen – diesmal allerdings im Sinne einer entwicklungsbedürftigen *Schwäche*. Aus der Sicht aller Beurteiler, auch der Fokusperson selbst, könnte zudem die mangelnde Fähigkeit, Beruf und Privatleben im Gleichgewicht zu halten, ein Defizit darstellen (diesen Umstand teilt sie allerdings wohl mit der Mehrzahl der Führungskräfte …).

Urteilsdifferenzen bezüglich der Mitarbeiterführung

Die auffälligste und diagnostisch bedeutsamste Differenz besteht hinsichtlich der „Mitarbeiterführung": Hier liegen die Vorgesetzteneinschätzungen fast drei Standardabweichungen über denen der Mitarbeiter. Diese sind

76

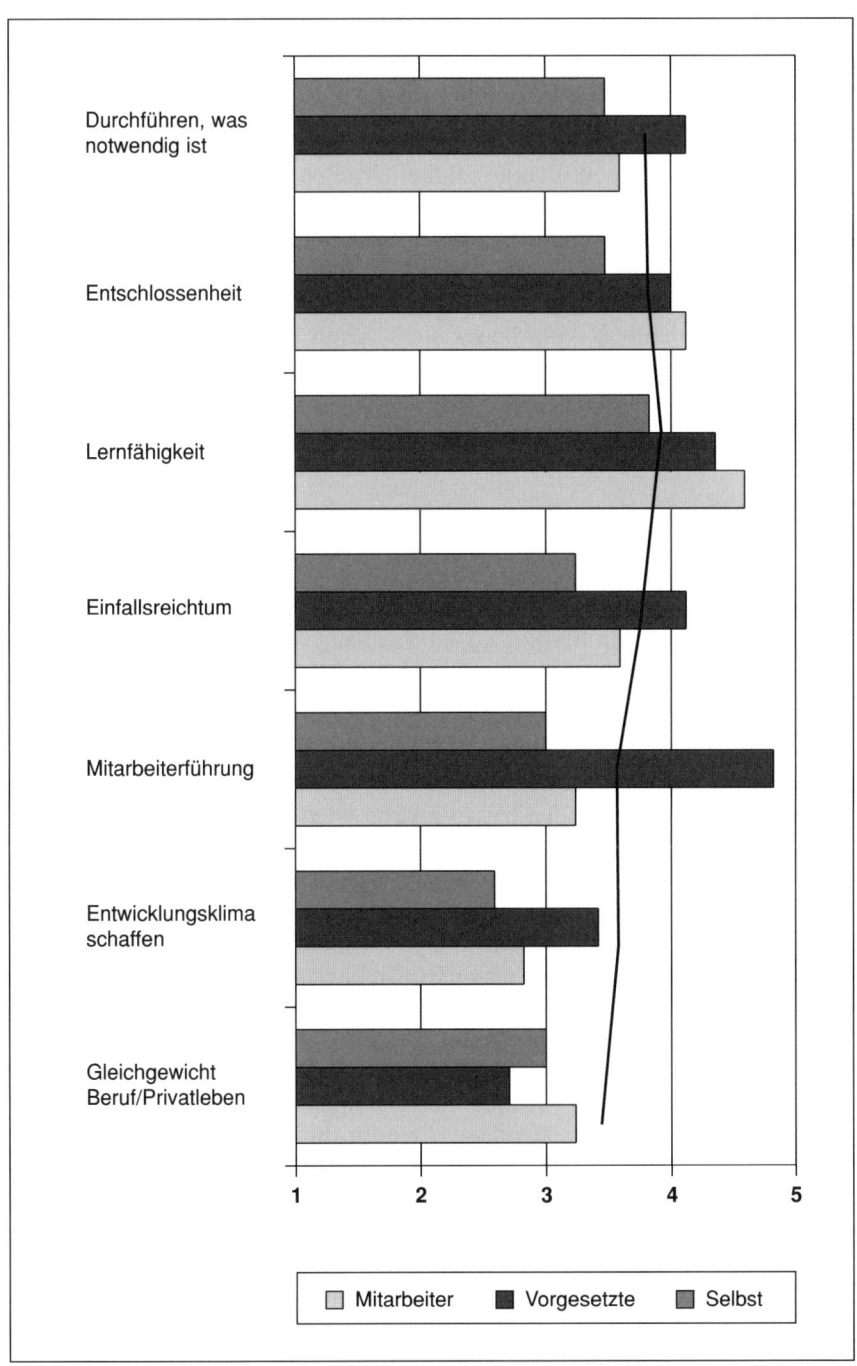

Abbildung 7:
Fallbeispiel Abteilungsleiter Controlling

sich in ihrer diesbezüglichen Einschätzung relativ „einig" (Standardabweichung im Rahmen der Normstichprobe). Die Fokusperson selbst und
die Mitarbeiter sehen demgegenüber diesen Bereich übereinstimmend als
schwach ausgeprägt an.

Wie kommt es zu diesen divergierenden Urteilen? Im Feedback-Gespräch
berichtet Herr Control von Schwierigkeiten mit seinen Mitarbeitern, wenn
diese von ihm abweichende Meinungen hinsichtlich wichtiger Fragen vertreten. Er wisse von sich, dass er dann oft nicht geduldig genug sei und
relativ schnell dazu übergehen würde „durchzuregieren". Dabei hätte er
wohl „verschiedentlich Mitarbeiter auch schon vor den Kopf gestoßen".
Einige Mitarbeiter hätten ihn in der Vergangenheit bereits offen darauf angesprochen. Auch hätten sie ihm zu verstehen gegeben, dass er häufig zuviel Druck auf sie ausüben würde und dass er, wenn er seine Führungsrolle
gefährdet sehe, „zum Autokraten mutieren" würde.

Seine Vorgesetzten dagegen, besonders sein direkter Vorgesetzter, hielten
diesen Führungsstil prinzipiell für angebracht: „Die bestärken mich eher
noch darin, den Leuten auch mal die Grenzen aufzuzeigen. Sie sagen, ich
würde eher noch zuviel reden". Er selbst hält dieses Vorgehen „auf Dauer
für nicht produktiv". In diesem Zusammenhang berichtet er, in den letzten
zwei Jahren drei seiner „fähigsten Köpfe" nach Auseinandersetzungen verloren zu haben.

Die mit einem externen Berater moderierte Diskussion der Feedback-
ergebnisse mit der Gruppe der Mitarbeiter, zu der sich die Fokusperson bereit fand, führte zu folgenden (hier verkürzt wiedergegebenen) Zielvereinbarungen:

**Zielverein-
barungen als
Ergebnis des
Feedbacks**

– Herr Control sagt seine Bereitschaft zu, konstruktiv an seinem Führungsstil zu arbeiten. Konkret strebt er an, die Argumente der Mitarbeiter bei unterschiedlichen Auffassungen stärker in seine Entscheidungen
  einzubeziehen (ohne seine Verantwortlichkeit abzugeben).
– In diesem Zusammenhang bekundet er seine Absicht, Konflikte zukünftig auf der inhaltlichen Ebene zu belassen, d. h. darauf zu achten, wann
  er selbst die Neigung verspürt, in einer Diskussion ungewollt in den persönlichen Angriff überzugehen (im Nachgang zur Gruppendiskussion
  entschuldigt er sich bei zwei Mitarbeitern für kränkende Äußerungen).
  Ein zusätzliches Coaching durch eine Mitarbeiterin aus der Personal-
  abteilung soll ihn dabei unterstützen.
– In diesem Zusammenhang kommt man überein, Zeitpläne für umfang-
  reiche Aufgaben, an denen mehrere Mitarbeiter beteiligt sind, stärker in
  kleinen Runden mit drei Mitarbeitern abzustimmen, um Koordinations-
  probleme und zeitliche Überlastung einzelner Mitarbeiter abzubauen.

Zusätzlich wird vereinbart, die diesbezügliche Entwicklung von Herrn Control zum Gegenstand einer „Mini-Feedback-Befragung" nach einem halben
Jahr zu machen.

5.2 Führungsnachwuchskraft eines IT-Unternehmens

Das Fallbeispiel bezieht sich auf eine Führungsnachwuchskraft eines IT-Unternehmens. Der ausgebildete Wirtschaftsingenieur gehört dem Unternehmen seit zwei Jahren an und ist seit einem Jahr in der Abteilung tätig, in der die Feedback-Befragung stattgefunden hat.

Das in Abbildung 8 wiedergegebene Profil berücksichtigt die Selbstbeurteilung (durchgezogene Linie) und die Kollegenurteile (gestrichelte Linie; n = 4 Kollegen) auf sechs Kompetenzdimensionen des Feedback-Verfahrens „!Response“ (Scherm, 2001). Während die Kollegenurteile für die Kompetenz des „Einflussnehmens“ (z. B. auf andere, auf Ergebnisse, auf Qualitäts- und Leistungsstandards) günstiger als das Selbsturteil ausfallen, erhält die Fokusperson dagegen auf allen anderen Kompetenzdimensionen schwächere Beurteilungen.

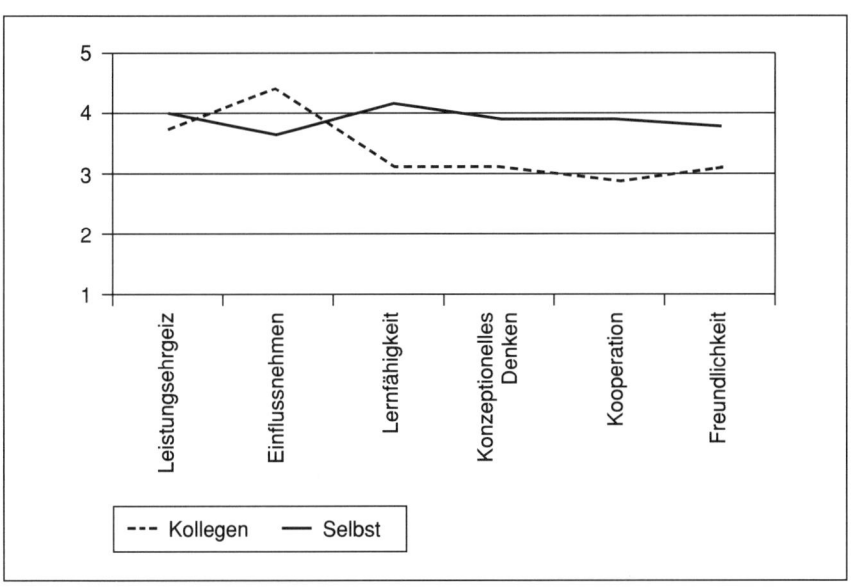

Abbildung 8:
Selbstbeurteilung einer Führungsnachwuchskraft und Kollegenurteile für sechs Kompetenzdimensionen (erhoben mit „!Response 360°-Feedback“, Scherm, 2001)

Entspricht das Profil demnach dem Typ ↑ eines Überschätzers, so legen das Feedbackgespräch und die anschließende Diskussion der Ergebnisse mit den Kollegen (von der Fokusperson selbst initiiert) die Gründe für die kritischen Fremdeinschätzungen offen: Die Person wird von ihren Kollegen auf der Basis von gemeinsamer Projekterfahrung als relativ „durch-

Fallbeispiel für Typ ↑

setzungsorientiert", bisweilen als „überheblich" beschrieben. Das angesprochene Verhalten wird durch folgendes Zitat eines Kollegen zusammenfassend illustriert: „Er hat manchmal eine Art, die wirkt ziemlich nassforsch, so nach der Art „Platz da, jetzt komm" ich". Das endet meistens damit, dass wir gegen seine Ideen und Vorschläge argumentieren – obwohl sie, mit Abstand betrachtet, gar nicht so schlecht sind."

Der vorliegende Fall ist ein gutes Beispiel für die Überstrahlung von Merkmalen durch die besondere Ausgeprägtheit eines anderen Merkmals. In unserem Beispiel überstrahlt eine im Eindruck der Kollegen starke Tendenz zur „Dominanz" und „(versuchten) Einflussnahme" die anderen Kompetenzdimensionen *negativ* (auch die umgekehrte Form einer positiven Überstrahlung ist in der Praxis häufig zu beobachten).

**Negative Über-
strahlung**

Dadurch werden die Urteile für die anderen, durchaus ebenso wichtigen Kompetenzen wie „Lernfähigkeit" und „Kooperation" quasi künstlich abgesenkt. Die beurteilte Person wird somit unter Umständen schlechter eingeschätzt als sie „tatsächlich" ist, d. h. wie sie z. B. einzustufen wäre, wenn man die Güte ihrer unmittelbaren Arbeitsergebnisse bewerten würde (die Beurteilung verzeichnet demnach Validitäts-Einbußen).

6 Ausblick: Zukünftige Trends im 360°-Feedback

Die Idee des 360°-Feedback dürfte sich in verschiedenen Varianten zukünftig einer verstärkten Anwendung auch im deutschen Sprachraum erfreuen. Diese Entwicklung wird nicht nur von dem Gedanken gefördert, die Übertragung von Führungsverantwortung mit der Frage des Erfolgs zu verknüpfen. Sie wird auch dadurch unterstützt, dass die z. T. berechtigte Skepsis vielerorts dem Eindruck positiver Erfahrungen gewichen ist (vgl. die unternehmensbezogenen Fallbeispiele bei Scherm, in Druck). Neben der Funktion, die Potenzialträger des eigenen Unternehmens durch Feedback zu entwickeln, zeichnen sich eine Reihe von weiteren interessanten Perspektiven ab. Hierbei wird es im wesentlichen um eine Verbindung mit anderen Zielsetzungen und Anlässen gehen:

• *Verbindung mit anderen Ansätzen der Potenzialentwicklung*

**Integration des
360°-Feedback
in ACn**

Feedback-Varianten werden verstärkt dort zur Anwendung kommen, wo es um die Entwicklung von Nachwuchskräften der unteren und mittleren Ebene geht. Die Ergebnisse des Feedbacks werden vor allem in Assessment Centern integriert, um den Kandidaten eine ökologisch valide Stand-

80

ortbestimmung zu ermöglichen („wo sieht mein Umfeld meine derzeitigen Potenziale und Defizite"). Um den zeitlichen und administrativen Aufwand für die beteiligten Feedbackgeber in Grenzen zu halten, stützen sich die Feedbacks auf eine verringerte Anzahl von Fremd-Perspektiven (meist Vorgesetzte und/oder Kollegen). Auch eine Datenerhebung „online" leistet hier wertvolle Dienste.

Auch für die Forderung an ein AC nach einer möglichst validen Verhaltensprognose bezüglich der Kandidaten ergibt sich aus der Berücksichtigung von Feedback-Daten eine deutlich verbesserte Situation. Stehen die Beurteilungen im AC in der Gefahr, durch den tendenziell einseitigen Methodenzugang der Verhaltensbeobachtung in einem *künstlichen* Setting an Validität einzubüßen, so hilft die Integration einer weiteren Datenquelle, nämlich Einschätzungen aus der *realen* Tätigkeitsumgebung, dem vorzubeugen. (Dieser Trend zur Methodenvielfalt im AC dürfte sich im Übrigen auch gegen das Votum mancher „AC-Puristen" durchsetzen, die Assessment Center als ausschließliches Feld der Verhaltenssimulation betrachten.)

Trend zur Methodenvielfalt

Handelt es sich beim klassischen 360°-Prozedere um einen Feedbackansatz, der das Verhalten der Kandidaten in der *Vergangenheit* fokussiert, scheinen sich zunehmend auch Varianten zu etablieren, die sich auf das *aktuelle* Verhalten im AC selbst beziehen. Dabei erstellen die AC-Teilnehmer ihr Selbstbild über ihre im Verlauf der Veranstaltung gezeigten Stärken und Schwächen und gleichen dies im Sinne einer Rückkopplung mit der Fremdeinschätzung der Beobachter ab. Der Vorteil einer solchen Konstruktion liegt darin, dass die Teilnehmer den entwicklungsstiftenden Selbstbild-Fremdbild-Abgleich unmittelbar vor Ort vornehmen können und bei Fragen in den Dialog mit den Beobachtern treten können.

Die Ergebnisse von 360°-Feedbacks dürften zudem stärker in *Potenzialgespräche* Eingang finden. Dies ist ein Wunsch (gelegentlich eine Forderung), der gerade auch von Seiten der Geschäftsleitungen immer wieder artikuliert wird. Er folgt dem verständlichen Interesse, das Führungs- und Entwicklungspotenzial des eigenen Nachwuchses möglichst treffsicher beurteilen zu können. Voraussetzung für die Integration von Feedback-Daten in das Potenzialgespräch aber ist die Bereitschaft der Fokusperson, diese freizugeben und damit das Anonymitätsgebot aufzulösen.

Verbindung des 360°-Feedback mit Potenzialgesprächen

Die Validität des Feedbacks vorausgesetzt, erhöht sich mit dessen Berücksichtigung der Informationsgehalt des Gesprächs. So erhalten die Fokusperson und der Vorgesetzte die Möglichkeit, sich über ihre jeweiligen Einschätzungen, Interessen und Ziele unter Rückgriff auf die vorliegenden Kompetenzeinschätzungen austauschen zu können. Für die Fokusperson stehen den mit der Öffnung verbundenen Risiken, dem Vorgesetzten womöglich auch die eigenen Defizite offenbaren zu müssen, die Chancen gegenüber, die Qualifizierungs- und Aufstiegswünsche mit den Urteilen aus anderen Quellen unterstützen zu können. Die Vorgesetzten und das

Unternehmen profitieren, indem sie mehr Sicherheit über die Förderungswürdigkeit von Kandidaten erlangen. Werden 360°-Prozesse *vor* weichenstellende Assessment Center oder alternative Verfahren platziert, so lassen sich daraus entscheidungsdienliche Anhaltspunkte gewinnen, ob die betreffenden Kandidaten bereits über die geforderten Kompetenzen verfügen oder diese erst noch entwickeln sollten.

- *Verstärkter Einsatz im Zusammenhang mit Zielvereinbarungen und Leistungsbeurteilungen*

Integration des 360°-Feedback in Leistungsbeurteilungssysteme

Parallel zur Kombination von Ansätzen der Potenzialentwicklung und 360°-Feedbacks zeichnet sich eine zunehmende Integration von Feedback-Systemen in den Kontext von Zielvereinbarungen und Leistungsbeurteilungen ab. Ist es bei Führungskräften in der Vergangenheit im Zusammenhang mit dem Erreichen von Zielen zu Problemen gekommen, so geben möglicherweise gerade die Fremdurteile über die Ursachen Aufschluss. Lassen sich entsprechende Kompetenzdefizite identifizieren, kann dies in neuen Runden der Zielvereinbarung berücksichtigt werden.

Feedback-Urteile dürften zudem, entsprechend der Tradition im angloamerikanischen Bereich, verstärkt auch zum Zwecke der Leistungsbeurteilung herangezogen werden. Trotz einiger ernstzunehmender Bedenken, die vor allem die Frage der Anonymität und Akzeptanz des Feedbacks betreffen, werden die Urteile dazu herangezogen, die subjektiven Anteile der Leistungsbeurteilung stärker zu fundieren und transparenter zu machen. Der Einsatz bezieht sich zum einen auf *interne* Beurteilungsprozeduren im Rahmen sogenannter Performance Management-Systeme, bei denen die Beurteilung durch den nächsten Vorgesetzten im Sinne erhöhter Validität um die Kollegen- und Mitarbeiterperspektive erweitert wird. Zum anderen bestehen Tendenzen, Feedback-Systeme zum Zweck der *externen* Beurteilung in Management-Audits zu integrieren. Man verspricht sich von der Verzahnung beider Ansätze eine erhöhte Selbstreflexivität und emotionale Nachhaltigkeit bei den Auditierten (Müller-Albrecht, 2001). Und auch hier ist das Ansinnen, die Beurteilung von Führungskräften durch externe Berater verlässlicher zu machen, indem Eindrucksurteile aus dem unmittelbaren Tätigkeitsumfeld einbezogen werden.

- *Outplacement-Beratung*

360°-Feedback im Dienst von Outplacement-Beratung

Die Dynamik der Märkte wird zukünftig auch im Bereich der Führungskräfte zu nennenswerten Freisetzungen führen. Outplacement-Konzepte sehen eine einvernehmliche Trennung zwischen der jeweiligen Führungskraft und dem Unternehmen vor (Pickman, 1994, 1997). Sie erarbeiten eine Strategie der Vermarktung von Qualifikationen und Fähigkeiten der betroffenen Person, um diese in neue Arbeitsverhältnisse zu bringen. In diesem Zusammenhang dürfte es diagnostisch sehr hilfreich sein, per

360°-Feedback eine Standortbestimmung hinsichtlich der vorhandenen Kompetenzen vorzunehmen und gegebenenfalls ein zielgenaues Coaching nachzuschalten. Die ohnehin belastete Situation von Outplacement-Kandidaten berücksichtigend, ist es besonders geboten, im Zuge der Feedback-Rückmeldung ein wertschätzendes Klima herzustellen – dies auch mit Blick darauf, für eine möglichst hohe Akzeptanz bei den Kandidaten zu sorgen und damit ihre Veränderungsbereitschaft zusätzlich zu fördern.

Insgesamt ist festzuhalten, dass der Druck auf Führungskräfte zunimmt, ihre Kompetenz- und Persönlichkeitsentwicklung aktiv voranzutreiben. Trotz aller diesbezüglichen Aktivitäten und unterstützenden Maßnahmen besteht hier keine genuine Bringschuld seitens der Unternehmen. Vielmehr dürfte es gerade das Eigeninteresse des einzelnen sein, das Feedback-Prozessen den langfristigen Entwicklungserfolg beschert.

7 Weiterführende Literatur

Bracken, D. W., Timmreck, C. W. & Church, A. H. (Eds.). (2001). *The handbook of multisource feedback*. San Francisco: Jossey-Bass.

Edwards, M. R. & Ewen, A. J. (2000). *360 Grad-Beurteilung*. München: Beck.

Lepsinger, R. & Lucia, A. D. (1997). *The art and science of 360° Feedback*. San Francisco: Pfeiffer.

London, M. (1995). *Self and interpersonal insight*. New York: Oxford University Press.

Moser, K. (1999). Selbstbeurteilung und berufliche Leistung. Überblick und offene Fragen. *Psychologische Rundschau, 50*, 14–25.

Tornow, W., London, M. & CCL Associates (1998). *Maximizing the value of 360-degree feedback*. San Francisco: Jossey-Bass & Center for Creative Leadership.

8 Literatur

Antonioni, D. (1996). Designing an effective 360-degree appraisal feedback process. *Organizational Dynamics, 25* (2), 24–38.

Atwater, L. E., Rousch, P. & Fischthal, A. (1995). The influence of upward feedback on self- and follower ratings of leadership. *Personnel Psychology, 48*, 35–59.

Atwater, L. E. & Yammarino, F. J. (1997). Self-other rating agreement: A review and model. In G. R. Ferris (Ed.), *Research in personnel and human resources management* (Vol. 15; pp. 121–174). Stanford, CT: JAI Press.

Bandura, A. (1982). Self-efficacy mechanisms in human agency. *American Psychologist, 37*, 122–147.

Bartram, D., Geake, A. & Gray, A. (in Druck). Das Internet und 360-Grad-Feedback. In M. Scherm (Hrsg.), *360-Grad-Beurteilungen: Diagnose und Entwicklung von Führungskompetenzen.* Göttingen: Hogrefe.

Bass, B. M. & Yammarino, F. (1991). Congruence of self and others' leadership ratings of naval officers for understanding successful performance. *Applied Psychology: An International Review, 40,* 437–454.

Baumeister, R. F. (1998). The self. In D. T. Gilbert, S. T. Fiske & G. Lindzey (Eds.), *Handbook of social psychology* (pp. 680–740). New York: Oxford University Press.

Becker, F. & Fallgatter, M. (1998). Betriebliche Leistungsbeurteilung – lohnt die Lektüre der Fachbücher? *Die Betriebswirtschaft, 58,* 225–241.

Beehr, T. A., Ivanitskaya, L., Hansen, C. P., Erofeev, D. & Gudanowski, D. M. (2001). Evaluation of 360 degree feedback ratings: Relationships with each other and with performance and selection predictors. *Journal of Organizational Behavior, 22,* 775–788.

Bracken, D. W. (1997). Maximizing the uses of multi-rater feedback. In D. W. Bracken, M. A. Dalton, R. A. Jako, C. D. McCauley & V. A. Pollman (Eds.), *Should 360-degree feedback be used only for developmental purposes?* (pp. 11–17). Greensboro, NC: Center for Creative Leadership.

Bracken, D. W., Dalton, M. A., Jako, R. A., McCauley, C. D. & Pollman, V. A. (Eds.). (1997). *Should 360-degree feedback be used only for developmental purposes?* Greensboro, NC: Center for Creative Leadership.

Brandstätter, H. (1969). *Soziale Urteilsbildung in Organisationen.* Unveröff. Habil.schrift, Universität München.

Brandstätter, H. (1983). *Sozialpsychologie.* Stuttgart: Kohlhammer.

Conradi, W. (1983). *Personalentwicklung.* Stuttgart: Enke.

Craig-Cooper, M. & de Backer, P. (1993). *The management audit.* London: Pitman.

Dalton, M. (1998). Five rationales for using 360-degree feedback in organizations. In W. Tornow, M. London & CCL Associates (Eds.), *Maximizing the value of 360-degree feedback* (pp. 59–77). San Francisco: Jossey-Bass & Center for Creative Leadership.

Dalton, M. A., Lombardo, M., McCauley, C. D., Moxley, R. & Wachholz, J. (1996). *BENCHMARKS: A manual and trainer's guide.* Greensboro, NC: Center for Creative Leadership.

Domsch, M. E. & Ladwig, D. (Hrsg.). (2000). *Handbuch Mitarbeiterbefragung.* Berlin: Springer.

Erbacher, A. & Meier, G. (in Druck). 360°-Feedback als Bestandteil der Personalentwicklung bei der Bayerischen Hypo- und Vereinsbank. In M. Scherm (Hrsg.), *360-Grad-Beurteilungen: Diagnose und Entwicklung von Führungskompetenzen.* Göttingen: Hogrefe.

Erdenberger, C. (1999). Die Personal-Portfolio-Analyse (PPA) als Instrument des Strategischen Personal-Managements. *Zeitschrift für Personalforschung, 13,* 287–294.

Facteau, C. L., Facteau, J. D., Schoel, L. C., Russell, J. E. A. & Poteet, M. L. (1998). Reactions of leaders to 360-degree feedback from subordinates and peers. *Leadership Quarterly, 9,* 427–448.

Farr, J. L. (1991). Leistungsfeedback und Arbeitsverhalten. In H. Schuler (Hrsg.), *Beurteilung und Förderung beruflicher Leistung* (S. 57–80). Göttingen: Verlag für Angewandte Psychologie.

Fecher, G. (1995). Vorgesetztenbeurteilung in Deutschland – Eine Bestandsaufnahme. In K. Hofmann, F. Koehler & V. Steinhoff (Hrsg.), *Vorgesetztenbeurteilung in der Praxis: Konzepte, Analysen, Erfahrungen* (S. 15–19). Weinheim: Psychologie Verlags Union.

Fisseni, H.-J. (1990). *Lehrbuch der psychologischen Diagnostik.* Göttingen: Hogrefe.

Frager, R. (1994). *Who am I? Personality types for self-discovery.* New York: Aquarian.

Freimuth, J. & Kiefer, B.-U. (Hrsg.). (1995). *Geschäftsberichte von unten. Konzepte für Mitarbeiterbefragungen.* Göttingen: Verlag für Angewandte Psychologie.

Funderburg, S. A. & Levy, P. E. (1997). The influence of individual and contextual variables on 360-degree feedback system attitudes. *Group & Organization Management, 22,* 210–235.

Funke, U. & Barthel, E. (1995). Nutzenanalysen von Personalauswahlprogrammen. In W. Sarges (Hrsg.), *Management-Diagnostik* (3. Aufl.; S. 820–833). Göttingen: Hogrefe.

Geake, A., Oliver, K. & Farrell, C. (1998). *The application of 360 degree feedback: A survey.* Thames Ditton, Surrey: SHL.

Goldsmith, M. & Underhill, B. O. (2001). Multisource feedback for executive development. In D. W. Bracken, C. W. Timmreck & A. H. Church (Eds.), *The handbook of multisource feedback* (pp. 275–288). San Francisco: Jossey-Bass.

Grawe, K., Donati, R. & Bernauer, F. (1994). *Psychotherapie im Wandel: Von der Konfession zur Profession.* Göttingen: Hogrefe.

Greguras, G. J. & Robie, C. (1998). A new look at within-source interrater reliability of 360-degree feedback ratings. *Journal of Applied Psychology, 83,* 960–968.

Guion, R. M. (1998). *Assessment, measurement, and prediction for personnel decisions.* Mahwah, NJ: Erlbaum.

Harss, C. & Maier, K. (1999). *360°-Feedback: Die Expertenbefragung.* München: Twist Unternehmensberatung.

Hazucha, J. F., Hezlett, S. A. & Schneider, R. J. (1993). The impact of 360-degree feedback on management skills development. *Human Resource Management, 32,* 325–351.

Janis, I. L. (1982). *Groupthink* (2nd ed.). Boston: Houghton Mifflin.

Judge, T. A., Higgins, C. A., Thoresen, C. J., Barrick, M. R. (1999). The big five personality traits, general mental ability, and career success across the life span. *Personnel Psychology, 52,* 621–645.

Kluger, A. N. & DeNisi, A. (1996). The effects of feedback interventions on performance: A historical review, a metaanalysis, and a preliminary feedback intervention theory. *Psychological Bulletin, 119,* 254–284.

Koromzay, T. (in Druck). 360°-Feedback bei der ABB Semiconductors AG. In M. Scherm (Hrsg.), *360-Grad-Beurteilungen: Diagnose und Entwicklung von Führungskompetenzen.* Göttingen: Hogrefe.

Lepsinger, R. & Lucia, A. D. (1997). *The art and science of 360° feedback.* San Francisco: Pfeiffer.

Lombardo, M. M. & Eichinger, R. W. (1996). *Learning agility: The learning II architect.* Greensboro, NC: Lominger Limited.

London, M. & Smither, J. W. (1995). Can multi-source feedback change perceptions of goal accomplishment, self-evaluations, and performance-related outcomes? Theory-based applications and directions for research. *Personnel Psychology, 48,* 803–839.

Longenecker, C. O. & Gioia, D. A. (1992). The executive appraisal paradox. *The Executive, 6* (2), 18–28.

Lüdi, M. & Wenger, F. (in Druck). Einführung eines 360°-Feedback-Systems beim Schweizerischen Bankverein. In M. Scherm (Hrsg.), *360-Grad-Beurteilungen: Diagnose und Entwicklung von Führungskompetenzen.* Göttingen: Hogrefe.

McCall, M. W. (1997). *High flyers. Developing the next generation of leaders.* Boston, MA: Harvard Business School Press.

McCall, M. W., Lombardo, M. M. & Morrison, A. M. (1988). *The lessons of experience: How successful executives develop on the job.* Lexington, MA: Lexington.

Mount, M. K. & Scullen, S. E. (2001). Multisource feedback ratings: What do they really measure? In M. London (Ed.), *How people evaluate others in organizations* (pp. 155–176). Mahwah, NJ: Erlbaum.

Müller, G. F. (1999). Organisationskultur, Organisationsklima und Befriedigungsquellen der Arbeit. *Zeitschrift für Arbeits- und Organisationspsychologie, 43 (N.F.17)*, 193–201.

Müller-Albrecht, R. (2001). Lernorientiertes 360°-Management-Audit. In J. Samland (Hrsg.), *Das Management-Audit* (S. 132–147). Frankfurt a. M.: F.A.Z. Institut.

Neuberger, O. (2000). *Das 360°-Feedback: Alles fragen? Alles sehen? Alles sagen?* München: Hampp.

Nilsen, D. & Campbell, D. (1993). Self-observer rating discrepancies: Once an overrater, always an overrater? *Human Resource Management, 32*, 265–281.

O'Connor Wilson, P., McCauley, C. & Kelly-Radford, L. (1998). 360-degree feedback in the establishment of learning cultures. In W. Tornow, M. London & CCL Associates (Eds.), *Maximizing the value of 360-degree feedback* (pp. 120–146). San Francisco: Jossey-Bass & Center for Creative Leadership.

Oldham, J. M. & Morris, L. B. (1995). *The new personality self-portrait*. New York: Bantam.

Parry, S. B. (1996). The quest for competencies. *Training & Development, 33*, 48–54.

Peterson, D. & Hicks, M. (1996). *The Leader as a coach.* O. O.: PDI.

Pfeil, R. v. & Schollmeyer, A. (in Druck). Lufthansa Leadership Feedback: Das 360°-Feedback Instrument zum Führungsverhalten. In M. Scherm (Hrsg.), *360-Grad-Beurteilungen: Diagnose und Entwicklung von Führungskompetenzen*. Göttingen: Hogrefe.

Pickman, A. J. (1994). *The complete guide to outplacement counselling*. Hillsdale, NJ: Erlbaum.

Pickman, A. J. (Ed.). (1997). *Special challenges in career management: Counselor perspectives*. Mahwah, NJ: Erlbaum.

Rauen, C. (2000). *Handbuch Coaching*. Göttingen: Verlag für Angewandte Psychologie.

Reinecke, P. (1983). *Vorgesetztenbeurteilung. Ein Instrument partizipativer Führung und Organisationsentwicklung*. Köln: Heymann.

Reiß, M. (1999). Change Management. In L. v. Rosenstiel, E. Regnet & M. Domsch (Hrsg.), *Führung von Mitarbeitern* (4., überarb. u. erw. Aufl.; S. 653–667). Stuttgart: Schäffer-Poeschel.

Romano, C. (1994). Conquering the fear of feedback. *HR Focus, 71*, 9–19.

Runde, B., Kirschbaum, D. & Wübbelmann, K. (2001). 360°-Feedback – Hinweise für ein best-practice-Modell. *Zeitschrift für Arbeits- und Organisationspsychologie, 45 (N.F.19)*, 146–157.

Samland, J. (Hrsg.). (2001). *Das Management-Audit*. Frankfurt a. M.: F.A.Z. Institut.

Sarges, W. (Hrsg.). (2000a). *Management-Diagnostik* (3. Aufl.). Göttingen: Hogrefe.

Sarges, W. (2000b). Diagnose von Managementpotential für eine sich immer schneller und unvorhersehbarer ändernde Wirtschaftswelt. In L. v. Rosenstiel & T. Lang-von Wins (Hrsg.), *Perspektiven der Potentialbeurteilung* (S. 107–128). Göttingen: Hogrefe.

Sarges, W. (2001a). Lernpotential-Assessment Center. In W. Sarges (Hrsg.), *Weiterentwicklungen der Assessment Center-Methode* (2., überarb. u. erw. Aufl., S. 97–108). Göttingen: Verlag für Angewandte Psychologie.

Sarges, W. (2001b). Competencies statt Anforderungen – nur alter Wein in neuen Schläuchen? In H.-C. Riekhof (Hrsg.), *Strategien der Personalentwicklung* (5., überarb. u. erw. Aufl.; S. 285–300). Wiesbaden: Gabler.

Scheffer, D., Keller, H. & Kuhl, J. (in Vorbereitung). *Der Operante Motiv-Test (OMT). Ein Kontingenzmodell impliziter Motive.*

Scherm, M. (1998). Synergie in Gruppen – mehr als eine Metapher? In E. Ardelt, H. Lechner & W. Schlögel (Hrsg.), *Gruppendynamik – Anspruch und Wirklichkeit der Arbeit in Gruppen* (S. 62–70). Göttingen: Verlag für Angewandte Psychologie.

Scherm, M. (1999). 360-Grad-Feedback: Das Multiratersystem „Benchmarks" von Lombardo und McCauley (1996). *Zeitschrift für Arbeits- und Organisationspsychologie, 43 (N.F.17)*, 102–106.

Scherm, M. (2001). *!Response 360°-Feedback: Ein Inventar zur multiperspektivischen Beurteilung von Führungskompetenzen.* Unveröff., Hamburg: Universität der Bundeswehr.

Scherm, M. (Hrsg.). (in Druck). *360-Grad-Beurteilungen: Diagnose und Entwicklung von Führungskompetenzen.* Göttingen: Hogrefe.

Schuler, H. (1996). *Psychologische Personalauswahl.* Göttingen: Verlag für Angewandte Psychologie.

Schuler, H. (2000). Das Rätsel der Merkmals-Methoden-Effekte: Was ist „Potential" und wie lässt es sich messen? In L. v. Rosenstiel & T. Lang-von Wins (Hrsg.), *Perspektiven der Potentialbeurteilung* (S. 53–71). Göttingen: Hogrefe.

Schuler, H. (Hrsg.). (2001). *Lehrbuch der Personalpsychologie.* Göttingen: Hogrefe.

Schuler, K. (in Druck). Wachstum für Manager und Unternehmen: PDI PROFILOR®. In M. Scherm (Hrsg.), *360-Grad-Beurteilungen: Diagnose und Entwicklung von Führungskompetenzen.* Göttingen: Hogrefe.

Schulz-Hardt, S. (1997). *Realitätsflucht in Entscheidungsprozessen: Vom Groupthink zum Entscheidungsautismus.* Bern: Huber.

Smither, J. W., London, M., Vasilopoulos, N. L., Reilly, R. R., Millsap, R. E. & Salvemini, N. J. (1995). An examination of the effects of an upward feedback program over time. *Personnel Psychology, 48*, 1–34.

Smither, J. W. & Reilly, S. P. (2001). Coaching in organizations. In M. London (Ed.), *How people evaluate others in organizations* (pp. 221–252). Mahwah, NJ: Erlbaum.

Sonntag, K. & Stegmaier, R. (2001). Verhaltensorientierte Verfahren der Personalentwicklung. In H. Schuler (Hrsg.), *Lehrbuch der Personalpsychologie* (S. 265–287). Göttingen: Hogrefe.

Spencer, L. M. & Spencer, S. M. (1993). *Competence at work.* New York: Wiley.

Spreitzer, G. M., McCall, M. W. & Mahoney, J. D. (1997). Early identification of international executive potential. *Journal of Applied Psychology, 82*, 6–29.

Sprenger, R. K. (in Druck). Umzingelt! In M. Scherm (Hrsg.), *360-Grad-Beurteilungen: Diagnose und Entwicklung von Führungskompetenzen.* Göttingen: Hogrefe.

Staudt, E. & Kriegesmann, B. (1999). Weiterbildung: Ein Mythos zerbricht. In Arbeitsgemeinschaft Qualifikations-Entwicklungs-Management/Arbeitsgemeinschaft Betriebliche Weiterbildungsforschung (Hrsg.), *Kompetenzentwicklung '99* (S. 17–59). Münster: Waxmann.

Tausch, R. & Tausch, A.-M. (1990). *Gesprächs-Psychotherapie* (9., erg. Aufl.). Göttingen: Hogrefe.

Taylor, M. S., Fisher, C. D. & Ilgen, D. R. (1984). Individuals' reactions to performance feedback in organizations: A control theory perspective. In K. M. Rowland & G. R. Ferris (Eds.), *Research in personal and human resources management, 2*, 81–124.

Tjosvold, D. (1991). *Team organization.* Chichester: Wiley.

Tversky, A. & Kahneman, D. (Eds.). (1990). *Judgment under uncertainty.* Cambridge: Cambridge University Press.

Van Velsor, E., Leslie, J. B. & Fleenor, J. W. (1997). *Choosing 360: A guide to evaluating multi-rater feedback instruments for management development.* Greensboro, NC: Center for Creative Leadership.

Viswesvaran, C., Ones, D. S. & Schmidt, F. L. (1996). Comparative analysis of the reliability of job performance ratings. *Journal of Applied Psychology, 81*, 557–574.

Waldman, D. A., Atwater, L. E. & Antonioni, D. (1998). „Has 360-degree feedback gone amok?" *Academy of Management Executive, 12*, 86–94.

Waldman, D. A. & Atwater, L. E. (2001). Confronting barriers to successful implementation of multisource feedback. In D. W. Bracken, C. W. Timmreck & A. H. Church (Eds.), *The handbook of multisource feedback* (pp. 463–477). San Francisco: Jossey-Bass.

Walker, A. G. & Smither, J. W. (1999). A five-year study of upward feedback: What managers do with their results matters. *Personnel Psychology, 52*, 393–423.

Walsh, I. (Hrsg.). (1996). *Management Audit: Anforderungen und Profile im Zeitalter der schlanken Führung*. Göttingen: Verlag für Angewandte Psychologie.

Warech, M. A., Smither, J. W., Reilly, R. R., Millsap, R. E. & Reilly, S. P. (1998). Self-monitoring and 360-degree ratings. *Leadership Quarterly, 9*, 449–473.

Weiß, R. (2000). *Wettbewerbsfaktor Weiterbildung. Ergebnisse der Weiterbildungserhebung der Wirtschaft*. Köln: Deutscher Institutsverlag.

Wildemann, H. (1995). Die lernende Organisation. *Zeitschrift für Betriebswirtschaft (Ergänzungsheft 3), 65*, 1–24.

Yammarino, F. J. & Atwater, L. E. (1993). Understanding self-perception accuracy: Implications for human resources management. *Human Resource Management, 32*, 231–249.

Yammarino, F. J. & Waldman, D. A. (1993). Performance in relation to job skill importance: A consideration of rater source. *Journal of Applied Psychology, 78*, 242–249.

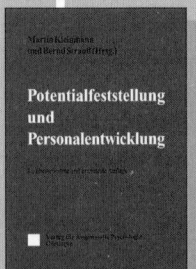

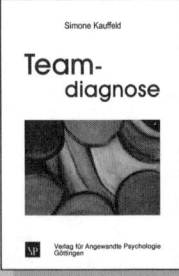